Musculação
Perguntas e respostas

INSTITUTO PHORTE EDUCAÇÃO
PHORTE EDITORA

Diretor-Presidente
Fabio Mazzonetto

Diretora Financeira
Vânia M. V. Mazzonetto

Editor-Executivo
Fabio Mazzonetto

Diretora Administrativa
Elizabeth Toscanelli

Conselho Editorial
Francisco Navarro
José Irineu Gorla
Marcos Neira
Neli Garcia
Reury Frank Bacurau
Roberto Simão

Musculação
Perguntas e respostas
As 50 dúvidas mais frequentes nas academias

Cauê Vazquez La Scala Teixeira
Dilmar Pinto Guedes Jr.

3ª Edição Revisada e Atualizada

São Paulo, 2018

Musculação – perguntas e respostas: as 50 dúvidas mais frequentes nas academias
Copyright © 2010, 2013, 2018 by Phorte Editora

Rua Rui Barbosa, 408
Bela Vista – São Paulo – SP
CEP 01326-010
Tel.: (11) 3141-1033
Site: www.phorte.com.br
E-mail: phorte@phorte.com.br

Nenhuma parte deste livro pode ser reproduzida ou transmitida de qualquer forma, sem autorização prévia por escrito da Phorte Editora.

CIP-BRASIL. CATALOGAÇÃO-NA-PUBLICAÇÃO
SINDICATO NACIONAL DOS EDITORES DE LIVROS, RJ

T265m
3.ed.

Teixeira, Cauê Vazquez La Scala
Musculação perguntas e respostas : as 50 dúvidas mais frequentes nas academias / Cauê Vazquez La Scala Teixeira, Dilmar Pinto Guedes Jr. - 3.ed. , rev. atual. - São Paulo : Phorte, 2018.
320 p. : il. ; 21cm.

Inclui bibliografia
ISBN 978-85-7655-686-2

1. Educação física. I. Guedes Jr, Dilmar Pinto. II. Título.

18-48149   CDD: 613.7

             CDU: 613.71

Leandra Felix da Cruz - Bibliotecária - CRB-7/6135
ph2104.3

Este livro foi avaliado e aprovado pelo Conselho Editorial da Phorte Editora.

Impresso no Brasil
Printed in Brazil

Sobre os autores

Cauê Vazquez La Scala Teixeira

Mestre e doutorando em Ciências da Saúde pela Unifesp. Bacharel e licenciado em Educação Física pela Fefis-Unimes. Pós-graduado em Fisiologia do Exercício pela CEFEE-Unimes e em Aspectos Fisiológicos e Metodológicos Atualizados do Treinamento de Força pela Unisanta. Professor estatutário (concursado) da Prefeitura Municipal de Santos, docente universitário na FPG e palestrante nas áreas de treinamento de força, *personal training* e treinamento funcional. Autor de sete livros e diversos artigos científicos nacionais e internacionais.

Dilmar Pinto Guedes Jr.

Graduado em Educação Física pela Fefis-Unimes e pós-graduado em Musculação e Treinamento Desportivo pela UGF. É mestre em Ciências – Reabilitação pela EPM-Unifesp. Professor-titular dos cursos de Educação Física da Fefis-Unimes e Fefesp-Unisanta, e de diversos cursos de extensão universitária e pós-graduação. Coordenador do curso de pós-graduação em treinamento de força da Unisanta. Membro do Cefe-Unifesp (Centro de Estudos de Fisiologia do Exercício). Delegado da Fiep no Estado de São Paulo e proprietário da academia Cia. do Físico, em Santos-SP. Autor de diversos livros e artigos científicos na área de treinamento de força.

Colaboradores

Kety Magalhães Konda

Bacharela e licenciada em Educação Física pela Fefesp-Unisanta, pós-graduada em Fisiologia do Exercício na Saúde, na Doença e no Envelhecimento pela Cecafi-USP e graduanda em Fisioterapia pela Unisanta. Professora-estatutária (concursada) da Prefeitura Municipal de Santos e *personal trainer* na cidade de Santos-SP.

Marco Antonio Ferreira Alves

Graduado em Educação Física pela Fefis-Unimes e em *Fisioterapia* pela Uniban. Especializado em Traumatologia Esportiva pela Unimep e em Aparelho Locomotor no Esporte pela Unifesp. Mestre em Ciências da Reabilitação Neuromotora pela Uniban e doutorando em Medicina Interna e Terapêutica pela Unifesp. Professor-titular da Unisanta e professor PIII da Prefeitura Municipal de Guarujá-SP. Revisor da *Revista de Neurociência*.

Rodrigo Luiz da Silva Gianoni

Bacharel e licenciado em Educação Física pela Fefis-Unimes, pós--graduado em Fisiologia do Exercício pela Cefe-Unimes, em Fisiologia do Exercício na Saúde, na Doença e no Envelhecimento pela Cecafi-USP e em Aspectos Fisiológicos e Metodológicos Atualizados do Treinamento de Força pela Unisanta, Mestre em Ciências pela Unifesp. Autor do livro *Treinamento de musculação para a natação* (Ícone Editora, 2011).

Dedico esta obra aos meus avós, Antonio e Pura,
que, com certeza, muito se orgulham deste feito.

Cauê Vazquez La Scala Teixeira

Dedico esta obra a todos os meus familiares e amigos.

Dilmar Pinto Guedes Jr.

Agradecimentos

Agradeço a Deus, por tudo.

Aos meus pais, Fabio e Cristina, pela sólida estrutura familiar e pelo investimento em meus estudos.

À minha esposa, Rafaela, por todo amor e incentivo.

Ao meu filho Davi, por me ajudar a enxergar o mundo sob uma perspectiva mais pura e positiva.

Ao meu irmão, Raoni, que muito tem me ajudado na batalha da vida.

Aos meus avós, Antonio e Pura, pela educação religiosa e pelo amor despendido.

Ao meu tio Marco, por incentivar minha opção pela Educação Física.

Ao amigo Dilmar, pela confiança em meu trabalho em mais uma parceria.

Aos amigos Rodrigo, Kety e Marquinho, pela constante troca de ideias e grande colaboração neste livro.

Aos companheiros de trabalho e de pesquisa da Prefeitura Municipal de Santos, Faculdade Praia Grande e Universidade Federal de São Paulo.

A todos os meus alunos e amigos que participaram de forma direta ou indireta na realização deste livro.

Cauê Vazquez La Scala Teixeira

Aos meus pais, Dylmar e Isabel, e aos meus avós.

À minha esposa, Ana Lúcia, ao meu filho, Krom, e a toda minha família.

Aos meus professores de Educaçao Física do Colégio Tarquínio Silva, Vanda, Elni e Tadeu, que despertaram o meu primeiro interesse pela profissão.

Aos meus professores da Fefis, Godofredo, Dirceu Leal (Burú) e Luis Alberto.

A todos os professores, amigos e alunos.

A Deus, por colocá-los no meu caminho.

Dilmar Pinto Guedes Jr.

Apresentação

Esta obra reúne as 50 dúvidas mais frequentes no cotidiano das academias de musculação, agrupadas em 10 sessões distintas relacionadas ao tema.

As perguntas foram elaboradas por praticantes e instrutores de musculação, sendo revisadas e reestruturadas pelos autores. O fato de terem sido elaboradas por pessoas experientes na modalidade nos leva a crer que sejam dúvidas populares e comuns a muitas outras pessoas, inclusive profissionais da área. Muitas dessas questões são de difícil resposta no dia a dia, o que requer um estudo mais aprofundado.

Por meio da revisão da literatura científica, associada à vivência prática dos autores, as respostas são apresentadas de forma clara e com uma linguagem acessível aos leitores.

A ideia é fazer que esta obra contribua para a literatura especializada, servindo como referência para levar informação de qualidade ao grande público, seja ele profissional ou simplesmente adepto e apaixonado pela musculação.

Nossos verdadeiros amigos são os livros, as barras e as anilhas de treino.

Estes nos fortalecem, por dentro e por fora.

Cauê Vazquez La Scala Teixeira

Sumário

Introdução		19

1	Musculação: condições gerais	23
1.1	A musculação se enquadra nas atuais recomendações de atividade física e exercício físico? Quais são essas recomendações?	23
1.2	Quais os procedimentos necessários antes de ingressar em um programa de musculação?	29
1.3	Há contraindicações para a prática da musculação?	34
1.4	Qual a postura correta para execução dos exercícios de musculação?	37
1.5	Qual o tipo de respiração mais adequado durante a execução dos exercícios de musculação?	44
1.6	Existem exercícios contraindicados na musculação?	49
1.7	Qual o melhor período do dia para se treinar musculação?	58
1.8	Qual a vantagem da musculação sobre as demais modalidades de treinamento?	62
1.9	O que é treinamento funcional (TF)? É possível aplicá-lo na musculação?	70
1.10	Quais os benefícios do treinamento de força (musculação) para o desporto competitivo e recreacional?	73
1.11	A dor muscular é necessária para obtenção de resultados?	78
1.12	Fazer musculação em casa funciona?	83

2	Musculação: variáveis de treinamento	91
2.1	Qual seria a frequência semanal ideal para treinar musculação? Treinar todos os dias pode trazer prejuízos?	91
2.2	Existe alguma relação entre a duração da sessão de treino e sua eficiência? Sessões mais duradouras promovem melhores resultados?	95
2.3	Qual a quantidade ideal de exercícios e séries para cada grupo muscular? Deve-se exercitar músculos "grandes" mais do que músculos "pequenos"?	99
2.4	Qual a velocidade de execução ideal nos exercícios de musculação?	103
2.5	É verdade que, após determinado período de treinamento na musculação, o organismo passa a não responder ou a responder menos aos estímulos?	107

3	Musculação e saúde	115
3.1	Quais benefícios a musculação pode proporcionar para pessoas que trabalham muitas horas sentadas?	115
3.2	O treinamento excessivo de musculação pode trazer prejuízos à saúde? Quais seriam esses prejuízos?	119
3.3	Quais são as lesões mais frequentes na musculação? Como evitá-las?	124
3.4	Um corpo perfeito é sinônimo de um organismo saudável?	128
3.5	Suar emagrece? Treinar com agasalhos e utilizar plásticos sobre a pele são condutas saudáveis?	131

4	Musculação e estética (hipertrofia muscular)	135
4.1	Há algum tipo de treinamento que possa minimizar a perda de massa muscular durante um período de destreinamento (ausência de treinamento)?	135
4.2	O anabolismo (hipertrofia muscular) ocorre durante o exercício ou no repouso?	138
4.3	Qual seria a melhor metodologia de treinamento para a hipertrofia muscular? Poucas repetições com altas cargas ou muitas repetições com baixas cargas?	143
4.4	"Três séries de 8 para crescer e 3 séries de 15 para definir." Fato ou mito?	147
4.5	Quais os efeitos do uso de esteroides anabolizantes?	151
4.6	A musculação auxilia na perda de gordura localizada?	156
4.7	Quanto tempo é necessário para que possam ser observados resultados estéticos com a musculação?	161
4.8	Por que é tão difícil hipertrofiar a região da panturrilha?	164
4.9	Somente a prática de exercícios abdominais é suficiente para auxiliar no processo de definição do abdome?	170

5	Musculação e exercícios aeróbios	179
5.1	Musculação e exercícios aeróbios. Qual a melhor combinação?	179
5.2	Musculação ou exercício aeróbio. Qual emagrece mais?	185
5.3	A musculação auxilia no controle do colesterol ou somente os exercícios aeróbios auxiliam nesse processo?	191

6	Musculação e flexibilidade	197
6.1	Musculação e exercícios de alongamento. Qual a melhor combinação?	197
6.2	A musculação prejudica o desenvolvimento da flexibilidade?	205

7	Musculação: condições especiais I	211
7.1	Treinar em jejum faz mal?	211
7.2	Qual a maneira correta para se hidratar durante os treinamentos?	215
7.3	O uso de suplementos alimentares é recomendado na musculação? Quais são os mais indicados?	222
7.4	Quais os benefícios que a musculação (programa de exercícios físicos) pode proporcionar para pessoas fumantes?	232
7.5	A musculação é contraindicada para pessoas que possuem hérnia de disco?	235
7.6	Hipertensos podem fazer musculação?	251

8	Musculação: condições especiais II (idosos)	259
8.1	A musculação pode evitar ou tratar a osteoporose?	259
8.2	Quais os benefícios da prática da musculação na terceira idade?	264

9	Musculação: condições especiais III (mulheres)	271
9.1	A prática da musculação pode contribuir para o aparecimento ou o aumento das varizes?	271
9.2	A musculação deixa as mulheres com aparência masculinizada?	275
9.3	As fases do ciclo menstrual influenciam no desempenho na musculação?	280
9.4	É possível praticar musculação durante a gravidez?	283

10	Musculação: condições especiais IV (crianças)	291
10.1	A musculação pode ser praticada por crianças? Com que idade uma criança pode iniciar sua prática?	291
10.2	A musculação prejudica o crescimento longitudinal das crianças?	298

Referências	303

Introdução

Musculação é um termo utilizado no Brasil e em alguns outros países latinos para fazer referência aos exercícios resistidos ou de contrarresistência. Geralmente, a prática da musculação é vivenciada em academias, onde são utilizados equipamentos como aparelhos de musculação, pesos livres, elásticos, entre outros. Porém, a aplicação da musculação ou dos exercícios resistidos não se restringe às academias, podendo ser realizada em qualquer outro ambiente, desde que exista uma resistência oposta à tensão gerada pela contração da musculatura esquelética.

Na literatura científica, o emprego do termo musculação não é normalmente encontrado, dando espaço para outros, como *treinamento de força* ou *treinamento resistido*. Por ser um termo nacional, sua tradução para outras línguas também não é encontrada. Na língua inglesa, por exemplo os termos empregados com maior frequência são *strength training* (treinamento de força) e *resistance training* (treinamento resistido).

Neste livro, consideramos sinônimos: *musculação, treinamento de força, treinamento resistido, exercícios resistidos* e *exercícios de contrarresistência.*

Até há algum tempo, a prática da musculação era restrita a um pequeno público adulto masculino, cujo objetivo era, exclusivamente, ficar forte e musculoso. Nessa época, pouco se conhecia sobre o assunto, o que gerava muitas especulações e limitava ainda mais sua prática a esse pequeno público.

Com o passar dos anos, a prática da musculação foi se difundindo até atingir os patamares atuais, sendo também recomendada para mulheres, crianças e idosos, saudáveis ou com algumas patologias. Atualmente, a musculação pode ser considerada uma das modalidades mais praticadas nas academias físico-esportivas, podendo ser considerada o carro-chefe da maioria delas (Teixeira e Guedes Jr., 2016a).

Essa difusão da modalidade se deve, principalmente, ao crescimento e interesse da ciência, particularmente na área da saúde (englobando a atividade física). Esse respaldo científico, por sua vez, influenciou positivamente os colegiados de saúde mundiais, que, atualmente, incluem o treinamento resistido como parte essencial dos programas de exercícios físicos para promoção da saúde (ACSM, 2011).

Alguns dos benefícios à saúde proporcionados pela musculação influenciam de maneira positiva a estética corporal (aumento da massa muscular e diminuição do percentual de gordura corporal), e esse, provavelmente, é outro fator que motiva a procura pela modalidade.

Porém, mesmo com o crescente número de adeptos e com a grande quantidade de informações científicas publicadas a respeito, ainda são muitas as dúvidas que confundem diversas pessoas, inclusive profissionais da área.

Em nosso entender, o que leva a essa "falta de informação" é a grande barreira que existe entre o público e a informação científica de qualidade. Outro fator limitante, principalmente no Brasil, é que as informações mais recentes e de melhor qualidade científica encontram-se em língua estrangeira (inglês), o que dificulta o entendimento.

Sendo assim, as páginas que seguem servirão como ponte entre os leitores e as informações científicas mais atuais e relevantes sobre o assunto.

1

Musculação
condições gerais

1.1 A musculação se enquadra nas atuais recomendações de atividade física e exercício físico? Quais são essas recomendações?

Atualmente, são muitos os meios de divulgação que enaltecem a importância da prática regular de atividade física e/ou exercício físico para a promoção e a manutenção da saúde. Porém, para melhor entendimento, cabe esclarecer a diferença no significado desses dois termos: *atividade física* e *exercício físico*.

Segundo o Colégio Americano de Medicina do Esporte (American College of Sports Medicine – ACSM, 2007), colegiado americano considerado referência mundial em atividade física e saúde, adota-se como definição de atividade física um movimento corporal que é produzido pela contração da musculatura esquelética e que eleva o gasto energético acima dos níveis de repouso. Com base nisso, conclui-se que as atividades do cotidiano ou da vida diária (AVDs), como lavar o carro, passear com o cachorro, limpar a casa e subir escadas, entre outras, são consideradas atividades físicas.

Já o exercício físico é definido como um movimento corporal planejado, estruturado e repetitivo, cujo objetivo é a melhora ou a manutenção de um ou mais componentes da aptidão física. Um bom exemplo seria o treinamento em academias.

Podemos concluir, então, que o exercício físico, por elevar o gasto energético além dos níveis de repouso, é considerado uma atividade física. Porém, nem toda atividade física é um exercício físico.

A melhora da aptidão física proporcionada pelo exercício pode estar relacionada ao aumento da *performance* esportiva, no caso de atletas, ou, simplesmente, à promoção da saúde, no caso da maioria das pessoas.

A aptidão física relacionada à saúde compreende, segundo Pate (1988), a capacidade de realizar as AVDs com vigor e apresentar traços e capacidades associados a um baixo risco prematuro para o desenvolvimento de doenças crônicas, como, por exemplo, aquelas associadas ao sedentarismo ou à inatividade física.

Os componentes da aptidão física relacionada à saúde são (ACSM, 2007):

- *composição corporal*: é a divisão do peso corporal em diversos componentes, sendo normalmente apresentada em dois componentes (peso gordo e peso magro);
- *aptidão muscular (anaeróbia)*: está relacionada ao desenvolvimento da força e da resistência muscular;
- *flexibilidade*: é a capacidade de movimentar uma articulação em sua máxima amplitude de movimento;
- *aptidão cardiorrespiratória (aeróbia)*: é a capacidade de realizar um exercício de natureza dinâmica, com participação de grandes grupos musculares, por períodos prolongados.

As atuais recomendações quanto à atividade física, apesar de algumas contestações, ainda preconizam o acúmulo de, pelo menos, 30 minutos de atividade, de 5 a 7 dias na semana, que podem ser contínuos ou fracionados ao longo do dia (ACSM, 2007, WHO, 2010). As AVDs citadas anteriormente são exemplos de atividades que se enquadram nessas recomendações e devem ser realizadas em substituição aos meios tecnológicos. A adoção de um estilo de vida ativo favorece a manutenção de um nível mínimo de condicionamento físico, contribuindo para a melhora da saúde (Heyward, 2004).

Entretanto, além dessas atitudes saudáveis, o ingresso em um programa de exercícios físicos devidamente orientado também é recomendado. Os programas de exercícios que proporcionam prazer e bem-estar são os mais recomendados, pois aumentam a probabilidade de retenção do aluno (Saba, 2001). No entanto, o treinamento de todos os componentes de aptidão física relacionada à saúde se faz necessário para tornar o programa mais completo (ACSM, 2011).

A dosagem do treinamento de cada componente da aptidão física varia de acordo com a individualidade, a treinabilidade e a *recuperação* requerida. A Tabela 1.1, a seguir, resume as atuais recomendações do Colégio Americano de Medicina do Esporte (ACSM, 2011) para o treinamento das capacidades físicas em questão:

Musculação: condições gerais

Tabela 1.1 – Recomendações de exercício físico

Componente	Frequência semanal	Volume/ Intensidade	Atividade
Cardiorrespiratório	≥5 dias, exercício moderado; ou ≥3 dias, exercício intenso; ou ≥3-5 dias (combinação de exercícios intensos e moderados)	30-60 minutos de exercício moderado ou 20-60 minutos de exercício intenso	Atividade dinâmica com participação de grandes grupos musculares
Força	2-3 dias de treino para cada grupo muscular	Exercícios para os principais grupos musculares; 1 série para iniciantes ou idosos; 2-4 séries para a maioria dos adultos; 8-12 repetições para a maioria dos adultos; 10-15 repetições para idosos	Musculação e ginástica com pesos ou exercícios com o peso corporal
Flexibilidade	≥2-3 dias	Séries de 10-30 segundos, totalizando 60 segundos por unidade musculotendínea	Alongamento estático dos principais grupos musculares
Neuromotor	2-3 dias	Quantidade insuficiente de pesquisas para determinar volume e intensidade	Treinamento funcional: exercícios que contemplem o desenvolvimento integrado de capacidades como equilíbrio, coordenação, estabilidade postural etc.

Fonte: adaptada de ACSM (2011).

Para pessoas com objetivos específicos, um ou mais componentes devem ser priorizados, sobressaindo-se sobre os demais. Por exemplo, para pessoas com objetivos relacionados ao desenvolvimento de força e/ou hipertrofia, esse componente deve ser enfatizado, aumentando-se a frequência semanal, o volume e a intensidade, cabendo ao profissional que prescreve o exercício balancear os demais componentes (princípio da especificidade).

Conforme observado na Tabela 1.1, a musculação é um exemplo de atividade que contribui para o desenvolvimento, principalmente, do componente "força". Então, por ser a modalidade que proporciona melhores resultados para o desenvolvimento da capacidade física em questão, pode-se afirmar que é uma das atividades devidamente enquadradas nas atuais recomendações.

Vale, ainda, ressaltar a relação direta entre a força muscular e a capacidade de realizar as AVDs, o que reforça a recomendação (ACSM, 2011).

1.2 Quais os procedimentos necessários antes de ingressar em um programa de musculação?

Antes de ingressar em qualquer programa de exercícios físicos, incluindo a musculação, alguns procedimentos são necessários para sua segurança e eficiência.

A Sociedade Brasileira de Medicina do Esporte (SBME), em suas diversas diretrizes e posicionamentos oficiais (1996, 1998, 1999, 2000, 2005), lista uma série de avaliações que devem ser realizadas antes de se iniciar a prática de exercícios, com o intuito de minimizar os riscos à saúde e potencializar os resultados.

Essas avaliações vão desde a aplicação de simples questionários até exames médicos e funcionais sofisticados. O histórico do aluno auxilia os profissionais envolvidos quanto à escolha das avaliações a serem realizadas.

Em indivíduos sadios, sem histórico de doenças, a aplicação de questionários parece ser suficiente para permitir a prática de exercícios, caso não haja nenhuma resposta comprometedora ou duvidosa. No entanto, o exame médico tem sido obrigatório em algumas cidades do Brasil.

O PAR-Q (Questionário de Prontidão para Atividade Física) é sugerido como padrão mínimo de avaliação pré-exercício, pois pode identificar pessoas que necessitam de avaliações médicas e/ou funcionais mais específicas (SBME, 1996).

PAR-Q
1. Algum médico já lhe disse que você é portador de algum problema cardíaco e que somente deve realizar atividade física sob supervisão de um profissional da área da saúde?
2. Você sente dores no tórax quando pratica atividade física?
3. No último mês, você sentiu dores no tórax quando não estava em atividade física?
4. Você já apresentou perda de equilíbrio em razão de alguma tontura e/ou perda de consciência?
5. Você possui algum problema osteoarticular que possa ser agravado pela atividade física?
6. Você faz uso, atualmente, de algum medicamento para controle da pressão arterial e/ou problema de coração?
7. Você tem conhecimento sobre alguma outra condição pela qual não deva realizar atividade física?

Fonte: adaptado de ACSM (2007).

As pessoas que apresentarem respostas negativas em todas as perguntas supracitadas podem ser consideradas aptas ao ingresso em um programa de exercícios físicos. No entanto, a aferição da pressão arterial e da frequência cardíaca de repouso é recomendável e, caso apresentem valores elevados, um médico deverá ser consultado previamente ao início do programa de exercícios físicos (ACSM, 2007).

Se houver alguma resposta positiva no PAR-Q, a consulta ao médico se torna obrigatória, com o objetivo de proporcionar maiores esclarecimentos e diretrizes (ACSM, 2007).

A SBME, a fim de melhor direcionar os indivíduos interessados em ingressar em um programa de exercícios físicos, elaborou diretrizes específicas para cada tipo de público.

Infância e adolescência (SBME, 1998)

- Crianças e adolescentes aparentemente saudáveis podem participar de atividades de baixa e moderada intensidade, sem a obrigatoriedade de uma avaliação pré-participação, desde que estejam atendidas algumas condições básicas de saúde, como, por exemplo, uma nutrição adequada.
- Para atividades competitivas e/ou de alta intensidade, uma avaliação mais ampla deve ser realizada, incluindo avaliação clínica e física.

Idosos (SBME e SBGG, 1999)

- Exames para detecção de doenças antigas e atuais, avaliação do estado nutricional, identificação do uso de medicamentos, limitações musculoesqueléticas e nível de aptidão física.
- Entre os exames complementares, o teste ergométrico é altamente recomendado, acompanhado de eletrocardiograma (a partir de 65 anos), a fim de identificar possíveis riscos cardiovasculares.
- Avaliação física incluindo testes de força muscular, flexibilidade, análise postural e determinação da composição corporal.

Mulheres (SBME, 2000)

- As avaliações para mulheres são semelhantes às demais, e, sempre que possível, é recomendada uma avaliação médica pré-exercício, incluindo avaliação ergométrica.
- Algumas particularidades devem ser levadas em consideração, como a avaliação da composição corporal e a distribuição de gordura. A relação *cintura/*

quadril é indicada para identificar risco cardiovascular, principalmente após a menopausa.

- Exames clínicos para detecção de possíveis anemias também podem ser realizados.

Prevenção de morte súbita no exercício e no esporte (SBME, 2005)

- Anamnese criteriosa, valorizando o histórico patológico pregresso, histórico familiar de cardiopatias e/ou morte súbita prematura, histórico social e os hábitos de vida.

- Exames laboratoriais para detecção de anemias, doença de Chagas, eletrocardiograma de repouso e de esforço (ergométrico), ergoespirometria e ecocardiograma.

É importante ressaltar que cada tipo de avaliação requer o acompanhamento de um profissional específico.

Com relação aos exames clínicos e laboratoriais, o médico é o profissional responsável. Já para as avaliações de estado nutricional, um profissional nutricionista deve ser consultado.

A avaliação física – que inclui testes que quantificam e qualificam a aptidão física relacionada à saúde e ao desempenho – é de competência do profissional de Educação Física.
A interação profissional (trabalho multidisciplinar), portanto, é de fundamental importância para a segurança e o sucesso. Vale destacar que cada município apresenta uma legislação específica quanto à obrigatoriedade, ou não, da apresentação de atestado médico previamente ao início de um programa de exercícios. Portanto, é necessário inteirar-se das obrigações legais para não correr riscos.

1.3 Há contraindicações para a prática da musculação?

Conforme será mencionado em todo o decorrer deste livro, bem como ratificado em todas as referências no assunto, a musculação se aplica a qualquer tipo de público, seja qual for seu objetivo e/ou necessidade.

Um programa de treinamento de musculação tem a vantagem de ser individualizado, o que permite sua adequação a qualquer situação. Para total segurança do trabalho, o praticante deve sempre manter o professor informado quanto aos seus objetivos, necessidades, limitações ou restrições (se houver) para que esses fatores sirvam de base para o desenvolvimento do programa de treinamento. Sendo assim, dificilmente alguma condição impedirá a prática da musculação quando todos esses fatores forem levados em consideração.

No entanto, algumas condições patológicas contraindicam a prática dos exercícios resistidos. Alguns autores (Câmara et al., 2007; Vincent e Vincent, 2006), mencionam as seguintes condições:

- pressão arterial (PA) sistólica acima de 200 mmHg ou diastólica acima de 110 mmHg, em repouso;
- queda da PA ortostática acima de 20 mmHg, com sintomas;
- hipotensão ao esforço maior que 15 mmHg em normotensos;
- angina instável;
- arritmias não controladas;
- estenose aórtica crítica ou sintomática;
- doença aguda ou febre (ex.: gripes, resfriados etc.);
- frequência cardíaca de repouso acima de 120 bpm;
- insuficiência cardíaca descompensada;
- bloqueio aórtico ventricular de 3º grau sem marca-passo;
- pericardite ou miocardite em curso;

- infarto ou embolismo pulmonar recente;
- depressão de segmento ST maior que 2 mV em repouso;
- problemas ortopédicos graves que proíbam os exercícios resistidos;
- cardiomiopatia hipertrófica;
- *bypass* coronário até 4 semanas;
- fração de ejeção ventricular esquerda abaixo de 30%;
- gravidez avançada que dificulte a realização de alguns exercícios ou gravidez complicada (de risco).

É importante ressaltar que as condições patológicas supracitadas contraindicam não somente os exercícios resistidos, mas qualquer tipo de exercício físico.

Como foi possível observar, são poucas as situações nas quais não se torna aconselhável a prática de exercícios físicos, incluindo a musculação. Em situações patológicas, como as mencionadas, é sensato procurar um médico para um melhor diagnóstico e tratamento da doença.

Já em outras situações, como limitações ou restrições simples, é sempre aconselhável uma boa comunicação entre professor e praticante e, caso necessário, entre professor e outros profissionais da área da saúde (intervenção multidisciplinar ou interdisciplinar).

1.4 Qual a postura correta para execução dos exercícios de musculação?

Uma sala de musculação devidamente equipada permite a realização de diversos tipos de exercícios, explorando as mais diversas posições corporais, planos e eixos de movimento. Em razão dessa grande variedade de opções, torna-se importante a manutenção da postura correta.

A postura ideal durante a execução dos exercícios é aquela em que se consegue manter o alinhamento anatômico natural das articulações de forma confortável (Teixeira e Guedes Jr., 2009).

Sendo assim, cada exercício requer uma determinada postura específica durante sua execução. Com relação à postura na musculação, de modo geral, atenção especial deve ser despendida à coluna vertebral.

A coluna vertebral, quando vista pela frente ou por trás, deve se apresentar de forma vertical, sem nenhum desvio lateral. Já quando vista lateralmente, apresenta quatro curvaturas anatômicas, denominadas cifoses e lordoses (Figura 1.1).

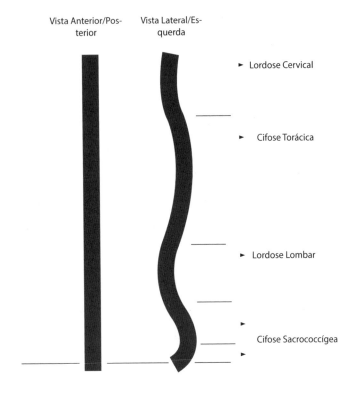

FIGURA 1.1 – Formato desejado da coluna vertebral: postura neutra.

A função dessas curvaturas é auxiliar na dissipação de forças que atuam sobre esse segmento corporal. Portanto, *durante* os exercícios, devem ser evitadas posturas que acentuem ou atenuem essas curvaturas.

A postura da coluna vertebral, quando incorreta, pode influenciar, direta ou indiretamente, o surgimento de lesões e desconfortos no corpo todo, principalmente se mantida por longos períodos, tanto durante a execução dos exercícios quanto, principalmente, durante as atividades laborativas e do cotidiano.

Em contrapartida, a manutenção de uma postura adequada pode contribuir para uma boa saúde e melhora do desempenho nas atividades citadas.

Na sala de musculação, desde que os professores responsáveis estejam atentos aos praticantes que estão sob sua supervisão, dificilmente estes manterão posturas inadequadas. No entanto, para que isso aconteça de forma satisfatória, a visão do professor deve contemplar o corpo como um todo, independentemente do segmento corporal responsável pelo exercício. Por exemplo, no exercício de extensão de joelhos em uma cadeira extensora, apesar de mobilizar apenas a articulação do joelho (movimento da perna), o professor deve orientar e cobrar uma postura adequada do restante do corpo em posição sentada (Figura 1.2).

Musculação – Perguntas e respostas

Figura 1.2 – Postura da coluna vertebral durante a realização do exercício de extensão de joelhos em cadeira extensora.

No exemplo anterior, a orientação e a cobrança por parte do professor quanto à postura adequada em posição sentada leva à adoção dessa postura durante as outras atividades do dia a dia que exijam postura semelhante (ex.: sentar-se em frente ao computador, trabalhar sentado etc.).

A postura, de um modo global, deve ser preservada e devidamente treinada. Para tanto, algumas recomendações devem ser seguidas para que o conforto esteja sempre presente durante a execução dos exercícios:

- Atentar para a manutenção das curvaturas anatômicas da coluna durante a realização de *qualquer tipo de exercício*, principalmente aqueles que empregam grande sobrecarga nesse segmento, como o agachamento, o *stiff* e o levantamento terra, entre outros (Figura 1.3). Faz-se exceção nos exercícios dinâmicos para grupos musculares flexores e extensores da coluna (ex.: abdominais, paravertebrais).

- Nos exercícios citados (agachamento, *stiff*, levantamento terra), a utilização do cinturão pélvico pode auxiliar na manutenção da pressão intra-abdominal, o que reduz as forças de compressão discais (Harman et al., 1989; Lander, Hundley e Simonton, 1992). Porém, sua utilização é *recomendada* somente quando se utilizam cargas elevadas e apenas durante a execução do exercício.

- Manter uma postura em pé, com um ligeiro afastamento anteroposterior dos pés, durante a execução de exercícios com pesos livres acima da cabeça (ex.: desenvolvimentos), o que minimiza a tendência à hiperlordose.

- Quando da realização de exercícios na posição sentada – principalmente aqueles com peso acima da linha da cabeça –, procurar apoiar as costas, de preferência, formando um ângulo de 95° a 105° na articulação do quadril (leve inclinação posterior do tronco) (Maior e Santos, 2005).

- Treinar toda a musculatura postural, tanto com exercícios dinâmicos quanto, principalmente, com exercícios estáticos, em razão da especificidade de sua utilização.

- Utilizar exercícios com instabilidade para treinar a musculatura postural profunda (*core training*), uma vez que essa ferramenta (instabilidade), se utilizada adequadamente, mostra-se bastante eficiente para essa finalidade (Marshall e Murphy, 2006).

- Estimular a contração dos músculos profundos do *core* (por exemplo, transverso abdominal) durante a realização de todos os exercícios, preferencialmente, adotando respiração passiva (expiração na fase concêntrica do movimento).

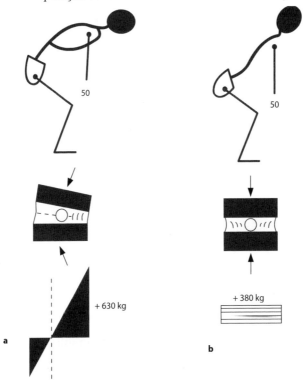

FIGURA 1.3 – Sobrecarga sobre os discos intervertebrais lombares quando uma carga externa de 50 kg é levantada utilizando-se a técnica incorreta (a) e a correta (b). As cargas de compressão são de 630 kg e 380 kg, respectivamente, e o componente de cisalhamento (sobrecarga transversal) aumenta na primeira condição.

Fonte: adaptada de Zatsiorsky e Kraemer (2008, p. 162).

O levantamento de cargas a partir do solo por curtos períodos de tempo (Figura 1.3) pode ser realizado em apneia (respiração bloqueada) com a realização da manobra de Valsalva (tentativa de expiração contra a glote bloqueada), o que aumenta a estabilidade e a manutenção da "postura neutra" da coluna durante o levantamento. Contudo, deve-se evitar a realização da Manobra de Valsalva por longos períodos.

1.5 Qual o tipo de respiração mais adequado durante a execução dos exercícios de musculação?

Caso essa pergunta seja feita a um professor de musculação experiente, é comum que se escute a seguinte resposta: "simplesmente respire" (Teixeira e Guedes Jr., 2009).

Essa resposta simples e objetiva tem por finalidade encorajar os alunos, principalmente os iniciantes, a criar um padrão contínuo de respiração durante as séries do exercício, evitando, assim, a realização da manobra de Valsalva.

A manobra de Valsalva é compreendida por um bloqueio da glote que impede a expiração do ar inalado, resultando em aumento da pressão intra-abdominal (torácica), diminuição do retorno venoso e aumento da pressão arterial (Polito e Farinatti, 2003, 2006). Por esse motivo, é aconselhável que sua realização seja evitada, a fim de educar alunos iniciantes e grupos especiais, como os hipertensos.

No entanto, é comum observar indivíduos experientes em treinamento com pesos realizando essa manobra pelo fato de aumentar a pressão intra-abdominal, o que proporciona segurança à coluna e auxilia na execução de exercícios *com cargas elevadas*, como citado anteriormente (ver item 1.4). Nesses casos, a realização da manobra acontece de forma involuntária. Vale lembrar que essa técnica deve ser somente aplicada por alunos avançados e em determinados momentos do exercício (ponto de maior desvantagem mecânica). Em alunos iniciantes e intermediários, como mencionado anteriormente, a respiração deve ser sempre contínua.

Quanto ao padrão de respiração, este pode ser classificado em dois tipos, dependendo das fases em que se inspira e expira:

- *Respiração ativa*: inspira-se durante a fase concêntrica e expira-se durante a fase excêntrica do movimento (Figura 1.4).

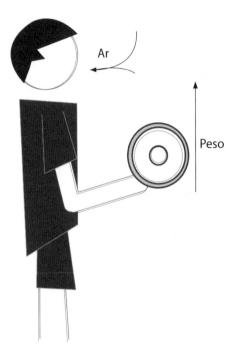

Figura 1.4 – Respiração ativa.

Musculação: condições gerais

- *Respiração passiva*: inspira-se durante a fase excêntrica e expira-se durante a fase concêntrica do movimento (Figura 1.5).

FIGURA 1.5 – Respiração passiva.

Geralmente, as respirações ativa e passiva são utilizadas nos exercícios que puxam e empurram, respectivamente, porém, isso não é regra. Aliás, não existe consenso na literatura sobre qual seria a melhor maneira para respirar durante os exercícios (Teixeira e Guedes Jr., 2009).

Kraemer e Fleck (2009) recomendam, preferencialmente, a adoção da respiração passiva durante os exercícios, principalmente em hipertensos e outros grupos especiais.

No que se refere à produção de força, Zatsiorsky e Kraemer (2008) citam que esta aumenta da inspiração (ativa) para a expiração (passiva), atingindo seu pico em situações de respiração bloqueada (Valsalva). Porém, como a manobra de Valsalva não é sugerida para praticantes inexperientes (como já visto), a adoção da respiração passiva passa a ser mais interessante, pois apresenta uma boa relação custo-benefício, considerando as respostas da pressão arterial e a produção de força.

1.6 Existem exercícios contraindicados na musculação?

Marco Antonio Ferreira Alves

A variedade de exercícios na musculação é vasta. Os pesos livres e os aparelhos permitem aos profissionais e praticantes a realização de exercícios para qualquer segmento corporal e para as mais diversas finalidades.

Cada indivíduo difere de seu semelhante quanto aos objetivos, às necessidades e às limitações; portanto, os exercícios devem ser ajustados para o indivíduo, e não o contrário.

Sendo assim, não existem exercícios proibidos ou contraindicados na musculação, mas pessoas contraindicadas a executar determinados exercícios.

Mesmo os exercícios mais polêmicos da musculação podem ser executados, desde que o praticante domine a correta técnica de execução e não apresente nenhum problema que interfira no desempenho ou que possa ser agravado pelo exercício, seja de ordem óssea, muscular, articular ou outro qualquer.

No entanto, por existirem alguns exercícios "polêmicos", é importante que sejam feitas algumas considerações a respeito.

Puxada por trás da cabeça (puxada na nuca)

FIGURA 1.6a – Puxada na nuca – posição inicial.

FIGURA 1.6b – Puxada na nuca – posição final.

O exercício de puxada por trás da cabeça no *pulley* alto foi utilizado, por muito tempo, como um dos principais exercícios para o desenvolvimento das costas (latíssimo do dorso). Ainda hoje, praticantes de musculação mais antigos consideram esse exercício fundamental para tal finalidade.

De fato, é um exercício que apresenta boa ativação da musculatura do latíssimo do dorso, pois esse músculo é um dos principais responsáveis pela adução do ombro. Entretanto, quando comparado ao mesmo exercício sendo realizado pela frente (puxada pela frente no *pulley* alto), o nível de ativação da musculatura citada na puxada por trás é menor (Signorile, Zink e Szwed, 2002).

Além disso, o exercício de puxada por trás combina movimento de abdução com rotação externa dos ombros, e colocar a extremidade superior nessa posição aumenta a tensão no ligamento glenoumeral inferior, que se destaca por ser estabilizador estático primário da articulação glenoumeral (Greve e Amatuzzi, 1999). Outro fato a ser considerado é que, durante sua realização, o praticante geralmente projeta sua cabeça à frente, o que aumenta o risco de lesão na região cervical (Signorile, Zink e Szwed, 2002).

Maior (2004) afirma que essas consequências negativas sobrepõem seus benefícios, de modo que esse exercício coloca o complexo do ombro em risco e deve ser banido da lista de exercícios aceitáveis para a realização de um programa de treinamento sem risco.

Todavia, conforme já considerado, se for executado de forma correta por pessoas experientes em treinamento de musculação e que não apresentam histórico de lesão na articulação do ombro, a puxada por trás pode ser uma opção de variação de exercício. Já pessoas que apresentam baixa estabilidade glenoumeral devem evitá-lo. Uma condição importante que aumenta a segurança desse exercício é trabalhar com o braço no plano da escápula, ou seja, durante a abdução e a adução do ombro, o braço fica alinhado com a escápula. Essa posição é mais adequada do ponto de vista biomecânico (Kapandji, 2000).

Outro aspecto importante nesse exercício é que na puxada, durante a adução do ombro, na intenção de abaixar o máximo possível a barra, o ombro tende a apresentar movimento acessório, "forçando" a cabeça do úmero anteriormente, o que produz estresse capsuloligamentar. Assim, o ganho de amplitude para aumentar a eficácia do exercício deve se basear mais em quanto a barra sobe e não em quanto ela desce.

Musculação: condições gerais

Desenvolvimento por trás da cabeça (desenvolvimento na nuca)

FIGURA 1.7a – Desenvolvimento na nuca: posição inicial.

FIGURA 1.7b – Desenvolvimento na nuca: posição final.

Esse exercício, do ponto de vista cinemático (análise do movimento), é semelhante ao anterior. A diferença se encontra no sentido de aplicação das forças, que, no primeiro, tende a puxar, e nesse, a empurrar (análise cinética) (Crate, 1997).

Por serem semelhantes em sua cinemática, as mesmas considerações já citadas são válidas para esse exercício. Ou seja, a execução desse movimento gera tensão extrema no complexo do ombro (Maior e Santos, 2005; Crate, 1997).

Essas tensões são relativamente altas na região do supraespinhoso, infraespinhoso, subescapular, redondo menor (manguito rotador) e também no tendão da cabeça longa do bíceps braquial, por ser intra-articular (McQuade, Dawson e Smidt, 1998). Os tendões dos músculos supraespinhoso e da cabeça longa do bíceps braquial, particularmente, são os mais sobrecarregados nesse exercício, porque, na abdução do ombro com rotação lateral em grande amplitude, se houver falha do manguito rotador em ajustar a cabeça do úmero na cavidade glenoide, esses tendões podem ser comprimidos contra o acrômio, levando a uma patologia denominada síndrome do impacto (Peterson e Renstrom, 2002).

Além desses fatores, a execução desse exercício provoca a rotação da cabeça do úmero para trás e, com movimentos repetitivos em contato direto entre a cápsula articular e a bursa, isso pode gerar bursite (Horrigan et al., 1999).

Do ponto de vista funcional, atividades cotidianas não requerem a prática de levantar uma resistência por trás da cabeça. Porém, pessoas frequentemente levantam uma resistência pela frente do corpo. Sendo assim, a realização do exercício desenvolvimento pela frente se torna mais aconselhável.

Agachamento completo

Figura 1.8 – Agachamento completo: posição final.

Esse, sem dúvida, é um dos mais antigos e principais exercícios de musculação e, talvez, o preferido entre os fisiculturistas e entusiastas do treinamento de força (Guimarães Neto, 2006).

Quando realizado de forma completa, até que os glúteos toquem ou cheguem o mais próximo possível dos calcanhares, requer uma acentuada flexão de joelhos. Essa flexão de joelhos está associada com um aumento das forças intra-articulares, entre as quais, as forças de compressão tibiofemoral e patelofemoral (Escamilla, 2001). Essas forças de compressão podem não ser interessantes em indivíduos que apresentam alguma instabilidade nos joelhos.

Para Escamilla (2001), a execução do exercício de agachamento paralelo (coxas paralelas ao solo), ou um pouco menos ($60°$-$70°$), é preferida sobre o agachamento completo, pois, em sua execução completa, há um maior risco potencial de lesão nos meniscos e ligamentos (cruzados e colaterais).

Entretanto, o exercício completo pode ser uma variação de treinamento interessante para indivíduos experientes em treinamento, desde que prescrito e realizado sob a supervisão de profissionais qualificados.

Stiff (levantamento terra com joelhos estendidos)

Figura 1.9 – *Stiff*: posição final.

O *stiff* é o exercício que mais gera controvérsias na musculação.

Quem nunca escutou aquela famosa recomendação que diz: para se levantar um peso que está no chão, deve-se primeiro agachar e levantar o peso com a força dos membros inferiores e não do tronco?

Se essa é a recomendação, então por que realizar um exercício contrário a ela?

De fato, essa é uma pergunta que todas as pessoas ligadas à musculação já devem ter feito a si mesmas. No entanto, se realizado de forma correta, o risco de lesões na coluna lombar diminui e o exercício torna-se um meio eficiente para o desenvolvimento de grande parte da musculatura da cadeia posterior do corpo (Teixeira e Guedes Jr., 2009). Conforme já observado (item 1.4), deve-se atentar para a manutenção das curvaturas anatômicas da coluna em toda a amplitude de movimento.

Vale lembrar que esse é um exercício de execução muito complexa, pois exige uma grande consciência corporal. Portanto, deve ser realizado somente por indivíduos experientes em treinamento de força, e sua execução deve ser evitada por iniciantes.

1.7 Qual o melhor período do dia para se treinar musculação?

As várias reações fisiológicas no corpo humano ocorrem com certa regularidade em períodos de 24 horas (ciclo circadiano); no entanto, o melhor período do dia para se treinar musculação pode não ser o mesmo para todas as pessoas.

Os compromissos do dia a dia relacionados às ocupações como trabalho, estudos, lazer, família, entre outros, tendem a proporcionar períodos do dia diferentes entre as pessoas para que possam se exercitar.

O organismo humano, em razão de sua capacidade de adaptação (aclimação, ajustamento), tende a se adaptar às rotinas a ele impostas, acostumando-se com os horários disponíveis para a atividade física, tornando elevado o seu rendimento nesses períodos do dia (Platonov, 2005).

No entanto, alguns autores sugerem períodos do dia específicos, quando o rendimento para atividades físicas pode ser otimizado. Segundo Weineck (2003), a capacidade humana de desempenho varia ao longo do dia, conforme o Gráfico 1.1. Essas variações resultam da interação de todas as funções corporais, sendo também válidas, com algumas limitações, para o desempenho da força muscular.

Gráfico 1.1 – Alterações da capacidade de desempenho físico ao longo do dia

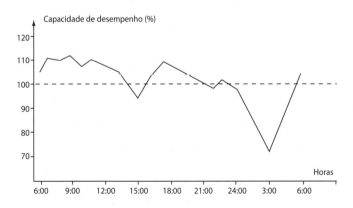

Fonte: Weineck (2003).

No entanto, as variações observadas na força muscular atingem cerca de 5% ao longo do dia (Hettinger, 1972), valor que parece não apresentar grande relevância para a prescrição de treinamento para não atletas.

No referido estudo (Hettinger, 1972), as forças máximas e mínimas foram observadas nos períodos da manhã e noite, respectivamente.

Todavia, diversos autores afirmam que a força muscular consistentemente atinge o seu pico ao início da noite, independentemente do grupo muscular avaliado ou da velocidade da contração (Minati, Santana e Mello, 2006; Atkinson e Reilly, 1996; Reilly, Atkinson e Waterhouse, 1997). Vale lembrar que o condicionamento adquirido ao se treinar à noite (adaptação do organismo) pode fazer que, nesse período, a capacidade de força apresente-se de forma máxima e essa ideia é confirmada por estudos recentes (Chtourou e Souissi, 2012).

A fim de estabelecer uma diretriz sobre os melhores horários para se treinar as diversas capacidades físicas, Platonov (2005) define conforme abaixo:

- *Das 10 às 12 horas*: o aprendizado de novas técnicas (exercícios) ocorre com maior sucesso na primeira metade do dia. Nesse período, é observado o nível máximo das capacidades cognitivas e o pico do estado de espírito, do estado geral e da capacidade de trabalho intelectual. Sendo assim, iniciantes podem se beneficiar desse período para aprender novos exercícios.

- *Das 16 às 18 horas*: o desenvolvimento das capacidades de velocidade, força, coordenação e mobilidade nas articulações é mais bem-sucedido nessas horas do dia. Nesse período, observam-se os níveis mais altos dessas capacidades.

- *Das 16 às 19 horas*: o desenvolvimento da resistência pode ser conveniente se realizado ao final da tarde. Nesse período, observam-se os níveis mais elevados do consumo de oxigênio (VO_2), ventilação dos pulmões, volume sistólico etc.

Com relação ao aumento da massa muscular, um recente estudo (Küüsma et al., 2016) comparou os efeitos do treinamento em períodos distintos do dia: manhã e final de tarde. Ao final, os autores observaram que, após períodos curtos de intervenção (< 12 semanas), o período do dia parece não exercer influência nas adaptações hipertróficas, porém, para intervenções mais longas (>12 semanas), o treinamento no final da tarde promoveu melhores efeitos.

No entanto, para pessoas que não possuem disponibilidade de tempo para treinar no final da tarde/início da noite, o importante é manter uma rotina diária de atividades que não seja muito alterada no decorrer do tempo, a fim de condicionar o organismo para a realização do exercício nos horários disponíveis para tal, ou seja, o importante é, se possível, treinar sempre no mesmo horário.

1.8 Qual a vantagem da musculação sobre as demais modalidades de treinamento?

Musculação é um termo utilizado em países de língua portuguesa e espanhola, provindo da junção da palavra *músculo* e o sufixo *-ção* que tem sentido de *ação*.

Apesar de ser um termo utilizado para se referir a uma sala de treinamento que possui diversas máquinas, barras, anilhas, halteres, ergômetros (esteiras, bicicletas), entre outros, sua definição é mais ampla, o que nos permite associar o termo a outras atividades: "Execução de movimentos biomecânicos localizados em segmentos musculares definidos com utilização de sobrecarga externa ou o peso do próprio corpo" (Guedes Jr., 1997).

Com base no exposto, podemos concluir que as atividades que se baseiam no mesmo princípio (utilização de sobrecarga oposta à tensão gerada pela contração do músculo esquelético) podem ser chamadas de musculação, como, por exemplo, a hidroginástica, a ginástica localizada etc. Portanto, a musculação é um método de treinamento (contrarresistência) e as demais nomenclaturas (hidroginástica, ginástica localizada, sala de musculação), os meios. No entanto, para facilitar o entendimento, o termo *musculação*, quando utilizado neste item, refere-se à sala de musculação. Sendo assim, comparemos algumas modalidades.

Musculação *versus* ginástica localizada

A maioria dos praticantes de exercícios físicos tem por objetivo principal a melhora da estética corporal, o que exige certo nível de hipertrofia muscular.

Como será visto (item 4.1), a hipertrofia muscular ocorre, de forma resumida, nas miofibrilas e no sarcoplasma, e a consequência de trabalho será ênfase no estresse tensional e metabólico.

Uma sala de musculação disponibiliza equipamentos que possibilitam, com excelência, a aplicação de trabalho que mescle os dois tipos de estresse citados. Já em uma aula de ginástica localizada (Figura 1.10), por exemplo, em razão da pouca quantidade disponível de pesos (resistência baixa), a ênfase é dada, geralmente, ao estresse metabólico, o que proporciona certa hipertrofia muscular, porém, pela ausência de variação de estímulos (estresse), em níveis consideravelmente menores.

Figura 1.10 – Ginástica localizada.

No entanto, a ginástica localizada é realizada em grupo e com a utilização de música, o que pode tornar a sua prática mais motivante para aquelas pessoas que são menos tolerantes à monotonia, principalmente as mulheres (Guedes Jr., 2007b).

Musculação *versus* hidroginástica

O trabalho de força na água utiliza princípios hidrodinâmicos como resistência ao movimento. Para aumentar ou diminuir a sobrecarga, recursos como velocidade de movimento, amplitude de movimento, equipamentos (palmar, boias etc.), entre outros, podem ser utilizados.

Mesmo assim, por maior que seja a resistência oferecida pela água, na maioria dos casos em que não se explora a velocidade de execução e o arrasto, essa resistência ainda permanece aquém daquela que pode ser oferecida em uma sala de musculação, por meio de trabalhos que enfatizam o estresse tensional. Por esse motivo (semelhante à ginástica localizada), a ênfase também deve ser dada ao estresse metabólico, o que, desde que haja pouca variação, proporcionará breve estagnação dos resultados.

FIGURA 1.11 – Hidroginástica.

Além disso, em razão da baixa ação da gravidade durante a imersão, o trabalho excêntrico é pouco observado, o que pode atenuar os ganhos em força e em massa muscular.

No entanto, a prática de exercícios em meio líquido apresenta características benéficas específicas em razão da flutuação, além de propriedades terapêuticas.

Vale destacar que a hidroginástica é uma área de conhecimento em amplo desenvolvimento, e vários artigos têm encontrado resultados significativos quanto ao ganho de força e, inclusive, hipertrofia com a prática adequada dessa modalidade (Madureira et al., 2007; Rocha et al., 2007). Isso ocorre por causa do desenvolvimento de novos materiais e metodologias de treinamento mais adequadas, que exploram a alta intensidade nos estímulos (alta velocidade de execução, pliometria e aumento do arrasto, por exemplo).

Musculação *versus* exercícios de força em campo

Outro método de se treinar musculação é executar exercícios resistidos, porém, fora da sala de musculação. Para tanto, nos esportes, o próprio ambiente de competição pode ser utilizado, bem como parques, campos, praia etc.

Como nesses locais não há, comumente, disponibilidade de máquinas e pesos livres, utilizam-se outros equipamentos para promover resistência às contrações musculares, tais como: elásticos ou fitas elásticas, pneus, *medicine balls*, o próprio peso corporal ou de parceiros de treino, aclives, escadarias etc.

FIGURA 1.12 – Exercício de força em campo: carrinho de mão.

Uma das vantagens de se treinar dessa maneira é a proximidade dos exercícios com os gestos motores das atividades, sejam elas esportivas ou do cotidiano (princípio da especificidade). Essa simulação de movimentos, por muitas vezes, torna-se impossível em uma sala de musculação.

No entanto, uma desvantagem apresentada é observada com relação ao controle das cargas de treinamento, tendo em vista que o material normalmente utilizado não possibilita fácil ajuste de carga. Já na sala de musculação, tanto máquinas quanto pesos livres são quantificados em quilogramas (kg), o que facilita o controle, o ajuste e a adequação das cargas de trabalho. Nesses casos, sugere-se o uso de percepção subjetiva de esforço (como Borg, OMNI-RES).

Outra desvantagem observada nos exercícios alternativos (peso corporal, elásticos, treinamento resistido manual) é a dificuldade de elevar a sobrecarga externa. Porém, o corpo de publicações envolvendo essas temáticas vem crescendo bastante nos últimos anos, trazendo recomendações práticas para se aumentar o nível de estresse nos métodos alternativos, que incluem desde a execução conduzida à falha concêntrica (Teixeira, 2011) até, por exemplo, a execução unilateral de exercícios com o peso corporal (Teixeira e Evangelista, 2016).

Além de todos os aspectos citados, uma das características da musculação que deve ser valorizada e, se possível, aplicada às outras modalidades, é a individualização do treinamento. Em uma sala de musculação cada indivíduo deve possuir uma planilha de treinamento, que é diferente das planilhas dos demais alunos. Essa diferença se baseia nos objetivos e necessidades individuais, que, geralmente, diferem entre as pessoas. Isso possibilita a prescrição da musculação para qualquer tipo de público, fato que nem sempre é observado em outras modalidades.

Vale ressaltar que não é objetivo deste livro fazer comparações que direcionem a escolha de determinadas modalidades de exercício físico sobre outras. Cada uma apresenta suas particularidades, vantagens e desvantagens, sendo nosso objetivo, exclusivamente, contribuir com a informação.

Como já dito, não há modalidade de exercício físico que seja completa por si só, requerendo, *sempre*, um complemento de outras modalidades que priorizem capacidades físicas diferentes, proporcionando, assim, um desenvolvimento corporal sadio e harmonioso.

1.9 O que é treinamento funcional (TF)? É possível aplicá-lo na musculação?

O termo *funcional*, antes somente utilizado na área de reabilitação, vem invadindo as academias físico-esportivas em geral, de tal modo que tem despertado o interesse por parte de alunos e professores de Educação Física. Geralmente, toda novidade desperta curiosidade.

Nenhuma atividade física é completa por si só, portanto, sempre requer a sua associação com outras atividades que a completem (ACSM, 2007). O treinamento funcional vem para somar às demais, preenchendo uma lacuna e possibilitando, assim, um desenvolvimento corporal mais homogêneo (completo e harmonioso).

O treinamento funcional é caracterizado pela semelhança do trabalho (exercício) com situações cotidianas, ou seja, baseia-se no princípio da especificidade. As situações do cotidiano, por muitas vezes, requerem o emprego de movimentos e gestos motores que exigem o trabalho de diversos grupos musculares ao mesmo tempo. Sendo assim, a proposta dos exercícios funcionais é, justamente, a de promover ações musculares conjuntas e simultâneas, proporcionando um trabalho corporal globalizado. Além disso, as situações cotidianas também apresentam característica de exigência concomitante de diferentes capacidades biomotoras. Assim, o conceito de treinamento funcional está relacionado ao desenvolvimento integrado das diferentes capacidades biomotoras (força, resistência, potência, flexibilidade, equilíbrio, coordenação motora, estabilidade do *core* etc.), no intuito de aprimorar o desempenho nas situações cotidianas e/ou esportivas (Teixeira et al., 2016). Para sua aplicação prática, Thompson (2015) sugere a utilização do treinamento de força, porém não somente com o objetivo de desenvolver a força isoladamente, mas juntamente com as demais capacidades. Em termos práticos, trata-se de treinamento de força com uma abordagem integrada, multicomponente ou híbrida.

Com base nesse conceito exposto, podemos concluir que o treinamento funcional pode ser aplicado em qualquer ambiente de treinamento, inclusive na sala de musculação.

Para tanto, os seguintes princípios devem ser respeitados:

- trabalho globalizado (de corpo todo);
- desenvolvimento integrado de todos os componentes da aptidão física (força, flexibilidade, aptidão cardiorrespiratória, equilíbrio, agilidade etc.);
- semelhança dos exercícios às ações cotidianas e/ou esportivas;
- desenvolvimento da musculatura do *core;*
- movimentos multiplanares.

Uma sala de musculação possui infraestrutura suficiente para permitir a aplicação de programas de exercícios que contemplem todos os aspectos citados. Para tanto, é imprescindível um conhecimento técnico apurado por parte dos profissionais envolvidos.

Vale lembrar que algumas ferramentas utilizadas no treinamento funcional podem proporcionar a diminuição da independência do aluno durante a realização do exercício, exigindo um acompanhamento profissional mais individualizado.

O termo *musculação funcional* foi recentemente proposto pelos autores deste livro e traz, como ideia principal, a aplicação do treinamento funcional no ambiente da musculação. Esse vasto assunto foi detalhadamente estudado em nossa outra obra, *Musculação funcional: ampliando os limites da prescrição tradicional* (Teixeira e Guedes Jr., 2016a), a qual poderá ser consultada, a fim de proporcionar maiores informações aos leitores interessados em aprofundar seus conhecimentos nessa área.

Em resumo, o treinamento funcional consiste na reprodução normal de ações realizadas nos esportes ou no cotidiano. O treinamento funcional não tem como alvo um grupo muscular específico, mas um "movimento" específico.

1.10 Quais os benefícios do treinamento de força (musculação) para o desporto competitivo e recreacional?

Rodrigo Luiz da Silva Gianoni

O treinamento de força (musculação) no desporto competitivo e recreacional apresenta objetivos e benefícios muito semelhantes. A principal diferença entre ambos é que, no desporto competitivo, o atleta tem a obrigação de estar entre os melhores da modalidade, e esse objetivo somente é conquistado através da superação de limites físicos e psicológicos. Já no desporto recreacional, os principais objetivos estão relacionados a saúde, qualidade de vida, lazer e inclusão social, havendo uma preocupação em respeitar os limites dos praticantes e não superá-los, evitando, assim, lesões crônicas e agudas, pois a maior parte desse público tem outros compromissos (trabalho, estudos etc.) e, geralmente, paga pela participação no evento esportivo ou prática de exercício.

Os benefícios do treinamento de força relacionados ao desporto, segundo Fleck e Kraemer (2006), ocorrem através de adaptações funcionais, como o aumento da força e potência, e podem otimizar o desempenho atlético, contribuindo, assim, para o êxito nas competições.

FIGURA 1.13 – O treinamento de força traz benefícios para a prática do futebol e outros esportes.

Essa afirmação é confirmada por diversos autores, sendo vasta a literatura que mostra os benefícios da prática do treinamento de força nas mais diversas modalidades esportivas (Platonov, 2005; Caputo et al., 2006, Zatsiorsky e Kraemer, 2008).

Esses benefícios consequentes do aumento da força podem influenciar positivamente nas variáveis que proporcionam fadiga, retardando seu aparecimento, o que acarretaria diminuição no desempenho atlético.

A principal variável que pode causar grau elevado de fadiga é o maior gasto de energia em pessoas não treinadas em força quando comparadas às treinadas, para uma mesma intensidade de esforço. Caputo et al. (2006) definem o gasto energético como a quantidade de energia metabólica utilizada para transportar a massa corporal de um sujeito por determinada unidade de distância, aumentando outros índices relacionados como, por exemplo, a desidratação, tendo como consequência uma diminuição da intensidade ou, até mesmo, a interrupção antecipada do exercício.

Pessoas treinadas em força apresentam maior economia de energia para realizar determinada atividade esportiva quando comparadas àquelas não treinadas para uma mesma intensidade de esforço, postergando, assim, a fadiga e, por conseguinte, a queda de desempenho ou a interrupção precoce da atividade (Beatti et al., 2014).

Os mecanismos associados à maior economia de energia estão relacionados aos benefícios proporcionados pelo treinamento de força. Os principais benefícios, citados por Zatsiorsky e Kraemer (2008), em qualquer indivíduo, são os seguintes:

- melhora da contratilidade dos músculos;
- aumento da força muscular;
- melhor aproveitamento do componente elástico das fibras musculares;
- aumento da potência muscular;
- aumento da resistência muscular;
- prevenção de lesões.

Até mesmo em esportes em que não há exigência física de força e potência durante sua prática, o TF se mostra importante no que diz respeito a outras variáveis. Se citarmos esportes cuja única exigência física é manter-se na posição sentada (xadrez, por exemplo), o TF, ainda assim, pode contribuir para a manutenção de uma boa postura, evitando a fadiga da musculatura postural e, por conseguinte, evitando dores e desconfortos que podem prejudicar o desempenho cognitivo e intelectual.

Todos os benefícios relacionados ao TF podem ser conseguidos através de um planejamento personalizado, o que é conhecido por especialistas da área como periodização de treinamento.

A periodização do treinamento pode ser definida, segundo Teixeira e Guedes Jr. (2016b), como o planejamento do treinamento em longo prazo, visando ao aumento da *performance* ou ao alcance dos objetivos. Em outras palavras, é a manipulação e a aplicação de todas as variáveis e princípios de treinamento dentro de um período de treinamento predeterminado.

Programas periodizados de treinamento de força mostram-se mais eficientes do que os não periodizados, no que diz respeito aos resultados obtidos (Kraemer e Fleck, 2009). A periodização do treinamento é aplicável a qualquer indivíduo. No entanto, é de fundamental importância para o esporte competitivo. Vale lembrar que, no contexto esportivo, para a maioria das modalidades, o treinamento de força é um complemento ao treinamento específico da modalidade. Portanto, deve-se evitar excesso de volume e diminuir a frequência semanal a fim de evitar o *overtraining*.

1.11 A dor muscular é necessária para obtenção de resultados?

É muito comum, no ambiente de treinamento com pesos, escutar a frase *"no pain, no gain"* ou "sem dor, sem ganho". Essa frase faz referência à dor muscular que é sentida durante ou logo após o treino, mas, principalmente, também à dor que é sentida horas ou dias após uma sessão de treinamento intenso.

A primeira manifestação de dor supracitada (durante ou logo após o treinamento) é provocada pelo acúmulo de metabólitos na musculatura, entre os quais o lactato e o hidrôgenio livre, decorrente do trabalho muscular intenso. O lactato é um subproduto da segunda via metabólica de geração de energia (glicólise), que é a via principal durante os treinamentos para hipertrofia. Com o acúmulo dessa substância na musculatura leva a uma diminuição do pH intramuscular (acidose), com consequente intolerância à fadiga e sensação de queimação e dor. Com o aumento da quantidade de lactato e de hidrogênio no sarcoplasma, aumenta a osmolaridade da membrana, permitindo a entrada de líquido para o meio intracelular. Esse acúmulo de líquido leva a um aumento do inchaço celular (*cell swelling* ou *pumping*), aumentando agudamente o tamanho do músculo.

Alguns estudos sugerem que o inchaço celular seja um dos fatores que estimula o aumento da taxa de síntese proteica miofibrilar e, portanto, contribui de forma substancial para a hipertrofia muscular (Schoenfeld, 2010). Assim, a sensação aguda de desconforto muscular ("queimação") durante os treinos pode ser interessante durante as sessões metabólicas, pois pode estar associada ao *pumping*.

Já a dor que é sentida horas ou dias após o treinamento, que tem seu início não antes de oito horas após a sessão de treino, aumentando a intensidade nas primeiras 24 horas subsequentes, atingindo seu pico entre 24 e 72 horas (Tricoli, 2001; Fleck e Kraemer, 2006), é conhecida como dor muscular tardia (DMT) ou dor muscular de início tardio (DMIT).

Segundo Tricoli (2001), a DMT é caracterizada pela sensação de desconforto e dor na musculatura esquelética, que ocorre algumas horas após a prática de uma atividade física à qual não estamos acostumados, especialmente se essas atividades enfatizarem ações musculares excêntricas (movimento de desaceleração).

Essas sensações desconfortáveis vêm acompanhadas de diminuição da força muscular, sendo, portanto, não aconselhável repetir a sessão de treinamento para o mesmo grupo muscular até que a dor desapareça.

As causas da DMT ainda não são totalmente esclarecidas. Por muito tempo, acreditou-se que essa manifestação de dor estava associada ao acúmulo de lactato no músculo. No entanto, por mais alta que seja a concentração de lactato no período imediatamente após o exercício, evidências demonstram que ele retorna aos níveis de repouso em um período de 2 a 4 horas após a atividade (Agostinho Filho et al., 2006), fato que desmente a hipótese de o lactato ser o causador da DMT.

A hipótese mais aceita atualmente afirma que a DMT é consequência de um processo inflamatório que se instaura por conta das microlesões proporcionadas pelo treinamento, principalmente se este enfatizar as ações musculares excêntricas (Foschini, Prestes e Charro, 2007; Powers e Howley, 2005).

Powers e Howley (2005), a fim de proporcionar melhor entendimento sobre a origem da DMT, propuseram o seguinte esquema:

Exercício extenuante

↓

Microlesões estruturais nas células musculares

↓

Extravasamento de cálcio do retículo sarcoplasmático

↓

Ativação de enzimas (proteases) responsáveis pela degradação
de proteínas celulares

↓

Resposta inflamatória

↓

Edema e dor

Apesar de parecer uma manifestação normal diante do exercício intenso, indivíduos que vivenciam uma rotina de treinamento se tornam menos suscetíveis ao aparecimento da DMT. Isso se deve à adaptação (aclimação) ocorrida no organismo em consequência dos estímulos a ele oferecidos (Powers e Howley, 2005).

Segundo esses mesmos autores, três hipóteses explicam o efeito protetor do exercício sobre a DMT:

- *Teoria neural*: propõe uma alteração no padrão de recrutamento de unidades motoras e um maior número de fibras musculares é recrutado, o que sobrecarrega menos cada fibra muscular.

- *Teoria do tecido conjuntivo*: propõe um aumento no tecido conjuntivo do músculo, oferecendo proteção durante o estresse do exercício.

- *Teoria celular*: propõe a síntese de novas proteínas intramusculares que melhoram a integridade da fibra muscular.

As duas últimas teorias relacionam-se diretamente com a hipertrofia muscular. Sendo assim, o estímulo proporcionado pelo exercício gera microlesões e dor, e o organismo responde com a hipertrofia muscular com o intuito de minimizar os possíveis efeitos "lesivos" da próxima sessão de treinamento. Com base nisso, é cabível concluir que a DMT está relacionada a uma das vias que desencadeia o fenômeno da hipertrofia muscular. No entanto, segundo Nosaka et al. (2003), parece improvável que os danos e as dores musculares sejam essenciais para a adaptação, pois a hipertrofia é uma resposta estrutural multifatorial (Schoenfeld, 2010). Mesmo assim, a presença da DMT, apesar de não ser frequente, parece ser indicador de que o princípio da variabilidade

Musculação: condições gerais

de estímulos está sendo aplicado, evitando, assim, o aparecimento de "platôs" (estagnação de rendimento).

1.12 Fazer musculação em casa funciona?

Praticar exercícios em casa é uma das opções para quem não tem disponibilidade de tempo ou possui outros fatores que impeçam a procura de um local específico para se exercitar, como, por exemplo, uma academia.

Entre as diversas opções de atividades que podem ser feitas em casa, os exercícios de musculação e as atividades aeróbias realizadas em ergômetros são as mais bem aceitas. Esse fato se deve à sua facilidade de execução, bem como à suposta garantia de bons resultados.

Com relação específica aos exercícios de musculação, estes são de fácil aplicabilidade, muitas vezes não exigindo a aquisição de aparelhos, ou seja, podem ser realizados utilizando-se o peso do próprio corpo (calistenia), a autorresistência ou a resistência de objetos presentes no lar, como mantimentos.

A seguir, há exemplos de exercícios que podem ser facilmente executados no conforto do lar, sem a exigência da utilização de aparelhos específicos de musculação:

- *Agachamento (sentar e levantar)*: pés paralelos com afastamento próximo à largura dos quadris (mulheres) ou ombros (homens); agachar até que os glúteos toquem a cadeira e voltar à posição inicial; manter as curvaturas da coluna e o olhar fixo para a frente. Para aumentar a intensidade, pode-se utilizar as variações sugeridas em Teixeira e Evangelista (2016), como aumentar a amplitude de movimento, aumentar ou diminuir a velocidade de execução, transferir o peso lateralmente (sobrecarregar mais um membro do que outro) e execução unilateral (unipodal).

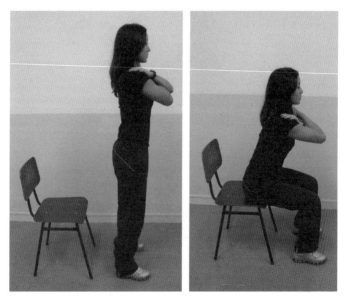

FIGURA 1.14 – Sentar e levantar: posição inicial e final.

- *Flexão de braço*: apoiar as mãos no solo, deixando-as afastadas ligeiramente um pouco mais que a largura dos ombros; apoiar os joelhos no chão (iniciantes – Figura 1.15) ou os pés (avançados – Figura 1.16), mantendo o corpo alinhado; flexionar os cotovelos até que o peito chegue próximo ao solo, voltando à posição inicial. Para aumentar a intensidade, pode-se utilizar as variações sugeridas em Teixeira e Evangelista (2016), como aumentar ou diminuir a velocidade de execução, transferir o peso lateralmente (sobrecarregar mais um membro do que outro) e execução unilateral.

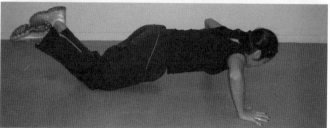

Figura 1.15 – Flexão de braços com apoio de joelhos: posição inicial e final.

Figura 1.16 – Flexão de braços sem apoio de joelhos: posição inicial.

- *Abdominal*: deitado em decúbito dorsal (costas sobre o solo) com os joelhos flexionados e a planta dos pés apoiada no solo; flexionar (enrolar) o tronco até que as escápulas percam o contato com o solo e voltar à posição inicial.

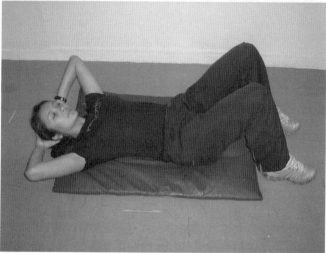

Figura 1.17 – Abdominal *crunch*: posição inicial e final.

- *Remada unilateral*: em pé, com o tronco inclinado à frente, mantendo as curvaturas anatômicas da coluna (coluna alinhada); apoiar umas das mãos sobre uma cadeira; segurar uma resistência qualquer (ex.: lata de tinta) na outra mão e executar um movimento semelhante a uma remada (extensão de ombro com flexão de cotovelo), voltando à posição inicial.

Figura 1.18 – Remada unilateral: posição inicial e final.

Atualmente, o mercado oferece aparelhos de musculação e acessórios compactos que permitem a execução de diversos exercícios, com o intuito de aperfeiçoar a prática de exercícios em casa. Essa se torna mais uma alternativa para quem opta por não sair de casa para se exercitar.

Já se tem bem documentado que a prática regular de exercícios físicos promove diversos benefícios à saúde (ACSM, 2007). No entanto, a prática de exercícios sem acompanhamento, apesar de apresentar seus benefícios, perde principalmente em segurança. O acompanhamento de um profissional de Educação Física é essencial para a eficácia e a segurança do programa de exercícios, pois ele possui conhecimento técnico suficiente para dosar a prescrição de outras variáveis de treinamento (séries, repetições, intervalos de descanso etc.), além de corrigir possíveis falhas técnicas durante a execução.

Um campo da Educação Física que vem crescendo muito, inclusive com o intuito de atender às pessoas que preferem se exercitar no ambiente doméstico, a fim de melhorar a qualidade de seus treinamentos, é o treinamento personalizado (*personal training*). Apesar de parecer um serviço caro, a relação custo-benefício parece bastante proveitosa.

Musculação – Perguntas e respostas

O Conselho Regional de Educação Física de São Paulo (CREF-4), órgão responsável pela gestão da profissão no Estado, adota como *slogan* a seguinte frase: "Atividade física orientada. O caminho para sua saúde". Sendo assim, cabe aos profissionais da área da saúde e da Educação Física divulgar essa ideia. Para a população em geral, cabe a conscientização quanto à importância da prática regular de exercícios físicos, de preferência, com acompanhamento profissional especializado.

2 Musculação
Variáveis de treinamento

2.1 Qual seria a frequência semanal ideal para treinar musculação? Treinar todos os dias pode trazer prejuízos?

A frequência semanal ideal (número de sessões de treinos/dias por semana) depende de uma série de fatores como volume de treinamento, intensidade, seleção de exercícios, nível de condicionamento, capacidade de recuperação do indivíduo e quantidade de grupos musculares treinados por sessão (ACSM, 2002).

Diversos estudos utilizam uma frequência de 2 a 3 vezes por semana para um programa de treinamento de força (musculação) em indivíduos previamente destreinados (iniciantes), com intervalos de 48 horas entre as sessões. Esses programas visam ao trabalho de todos os principais grupos musculares durante as sessões de treinamento proporcionando bons resultados, sendo essa, portanto, a posição adotada pelo ACSM.

Porém, conforme o nível de condicionamento se eleva e, consequentemente, o volume e/ou a intensidade, uma frequência semanal de 4 a 5 vezes é recomendada. Para tanto, é necessário o parcelamento do treino por grupos musculares, ou seja, nem todos os grupos musculares são treinados em uma sessão de treino. Nesse tipo de parcelamento, cada grupo muscular é treinado, geralmente, de 1 a 2 vezes na semana.

Levantadores de peso avançados, fisiculturistas e indivíduos experientes no treinamento de força chegam a treinar com frequência semanal de 6 vezes, e, comumente, se observa a realização do treinamento de cada grupamento muscular de 2 a 3 vezes na semana, podendo chegar a apenas uma vez na semana, com volume e intensidade extremamente elevados na sessão de treino.

Embora a literatura clássica sugira que o mesmo grupo muscular não deve ser treinado em dias consecutivos (Fleck e Simão, 2008), mas em intervalos de, no mínimo, 48 horas (dia sim, dia não), esse assunto ainda não está encerrado nas pesquisas.

Nesse sentido, dois importantes estudos de revisão sistemática com meta-análise apresentam dados interessantes que podem direcionar a prescrição do treinamento com objetivo de aumentar os níveis de força e massa muscular. Peterson, Rhea e Alvar (2005) analisaram o efeito de diferentes frequências semanais de treinamento para o mesmo grupo muscular sobre os níveis de força de sujeitos destreinados, treinados e atletas. Os resultados da meta-análise revelaram que, após comparação de frequências que variavam de 1 a 3 vezes por semana, destreinados responderam melhor a maiores frequências (3 vezes). Já treinados, comparando-se 2 e 3 vezes por semana, apresentaram melhores resultados em frequências menores (2 vezes), enquanto atletas apresentaram resultados semelhantes, independentemente da frequência semanal de treino para cada grupo muscular (2 ou 3 vezes).

Com relação ao aumento da massa muscular, Schoenfeld, Ogborn e Krieger (2016) compararam os efeitos entre frequências semanais de treinamento para cada grupo muscular variando entre 1 e 3 dias. Os resultados revelaram que, para volumes semanais de séries equiparados, maiores frequências mostram resultados superiores. A meta-análise mostrou diferença significativa entre 1 e 2 vezes por semana, porém os estudos analisados não foram suficientes para concluir se treinar cada grupo muscular 3 vezes por semana é superior a 2 vezes.

Vale lembrar que, independentemente dos resultados das meta-análises, o princípio da interdependência entre volume e intensidade permite concluir que intensidades mais elevadas requerem intervalos maiores. Indivíduos avançados podem utilizar intervalos entre sessões de treinamento para os mesmos grupos musculares que variam de 72 horas a uma semana de duração. Esses intervalos longos são necessários para estimular a síntese proteica miofibrilar e a reposição dos estoques energéticos intracelulares, bem como para minimizar os efeitos da dor muscular tardia (DMT – ver item 1.11) em decorrência da alta intensidade do treinamento, uma vez que o pico dessa ocorrência de dor se dá, em média, após 2 a 3 dias da sessão de treinamento (Fleck e Kraemer, 2006), e sua permanência pode durar por até 10 dias (Kraemer e Fleck, 2009).

Portanto, treinar todos os dias não é prejudicial, contanto que sejam observadas e devidamente combinadas todas as outras variáveis de treinamento. O contato direto entre professor e aluno possibilitará conhecimento suficiente para que o treinamento seja dividido de maneira segura e eficiente.

2.2 Existe alguma relação entre a duração da sessão de treino e sua eficiência? Sessões mais duradouras promovem melhores resultados?

A duração de uma sessão de musculação depende de algumas variáveis de treinamento: número de exercícios, velocidade de execução do movimento, número de séries por exercício, intervalo de descanso entre séries e exercícios.

A seguir, consta exemplo de sessão de treinamento para iniciantes, para que se possa calcular o tempo estimado de sua duração. Para tanto, tomaremos por base as recomendações do ACSM (2009), através de seu último posicionamento oficial sobre treinamento resistido:

- *Número de exercícios*: 8-10 para os principais grupos musculares
- *Número de séries*: 1-3
- *Número de repetições*: 8-12
- *Velocidade de execução*: (1 a 2 s para cada fase – concêntrica e excêntrica)
- *Intervalo entre séries e exercícios*: 1-2 min (60 s a 120 s)

Exemplo de sessão:

- *Número de exercícios*: 9
- *Número de séries*: 3
- *Número de repetições*: 10
- *Velocidade de execução*: 1 s para cada fase = 2 s
- *Intervalo entre séries e exercícios*: 60 s

Cálculo do tempo de duração da sessão:

Duração da sessão = n° exercícios × n° séries × n° repetições × velocidade de execução + [intervalo entre séries × (n° exercícios × n° séries)]

Duração da sessão = 9 × 3 × 10 × 2 + [90 × (9 × 3)]

Duração da sessão = 540 + (60 × 27)

Duração da sessão = 540 + 1.620

Duração da sessão = 2.160 s

Duração da sessão = 36 min

Se forem acrescidos mais 15 minutos entre aquecimento e relaxamento, chegar-se-á a um total de 51 minutos de duração da sessão.

Para indivíduos de nível intermediário ou avançado, a quantidade de exercícios e séries geralmente é semelhante, notando-se alteração em outras variáveis de treinamento (escolha dos exercícios, número de repetições, intervalo entre séries etc.). Portanto, o tempo estimado de duração também é semelhante.

Em média, uma sessão de treinamento de musculação dura aproximadamente uma hora. Deve-se lembrar que volume e intensidade são inversamente proporcionais, ou seja, treinamentos muito intensos tendem a ter uma duração mais breve, e, caso a sessão de treinamento seja muito longa, a intensidade tende a se tornar muito baixa. Segundo Badillo e Ayestarán (2001), no treinamento de força (musculação), atenção especial deve ser dada à intensidade, uma vez que esta é a variável fundamental no desenvolvimento da força e hipertrofia.

Consequentemente, recomendam-se alta intensidade e volume moderado. Gentil (2005) relata sessões de treinamento com 25 minutos de duração, eficientes para obtenção de ótimos resultados, desde que bem planejadas e organizadas. Outras obras da literatura também respaldam a aplicação de treinos mais curtos, principalmente, para pessoas que não dispõem de muito tempo para a prática de exercícios físicos (Teixeira e Guedes Jr., 2016b).

Com relação às respostas hormonais, Canali e Kruel (2001) concluíram, em seu estudo, que diversos hormônios têm seus níveis de produção e secreção alterados durante o exercício físico, e a maioria, senão todos os hormônios que se elevam durante a atividade, desempenha papel catabólico, auxiliando na disponibilização de energia. Sendo assim, sessões de treinamento muito longas tendem a gerar um estresse catabólico muito grande, prejudicando o desempenho e, consequentemente, o objetivo do treinamento.

Tais achados corroboram os de Kraemer e Ratamess (2005) que, ao analisarem diferentes protocolos de treinamento, concluíram que o protocolo sugerido foi o que apresentou as melhores respostas dos principais hormônios relacionados ao desempenho (HGH, testosterona, IGF-1, cortisol, insulina e catecolaminas).

Para garantir essas recomendações, indivíduos mais treinados costumam parcelar os grupos musculares ao longo das sessões de treinamento durante a semana, o que possibilita aumentar o volume de estímulos para cada grupo muscular sem aumentar o tempo de cada sessão de treino. Deve-se ainda ressaltar que, embora muitos fisiculturistas adotem rotinas extremamente volumosas de treinamento (2 a 3 horas por dia), estes são atletas e, portanto, não devem servir de parâmetro para a elaboração de programas de treinamento para não atletas.

2.3 Qual a quantidade ideal de exercícios e séries para cada grupo muscular? Deve--se exericitar músculos "grandes" mais do que músculos "pequenos"?

Segundo dados de pesquisa realizada em duas academias da cidade de Santos-SP (Teixeira et al., 2009), a estética e, por consequência, a hipertrofia muscular, são os principais objetivos dos praticantes de musculação.

De acordo com Teixeira e Guedes Jr. (2016b), para esses objetivos, estímulos maiores à musculatura-alvo se tornam necessários, e a ocorrência da fadiga nessa musculatura é o que desencadeia os efeitos anabólicos em resposta às alterações fisiológicas ocorridas.

Os autores afirmam que não há consenso na literatura para determinar o número ideal de séries por treinamento para cada grupo muscular, quando o objetivo é a hipertrofia. Entretanto, com base nos achados da literatura, alguns valores podem ser recomendados para alunos iniciantes e intermediários.

O ACSM (2002) recomenda a execução de 1 a 3 séries por exercício para os principais grupos musculares. Essa parece ser uma recomendação sensata e eficiente para iniciantes.

Teixeira e Guedes Jr. (2016b) afirmam que é consenso na literatura que a realização de 1 (série simples) ou 3 séries (múltiplas séries) por exercício não apresenta grandes diferenças quanto aos resultados, quando aplicada em alunos iniciantes e idosos. De fato, alguns estudos corroboram essa ideia, sobretudo, quando analisados músculos da parte superior do corpo (Rønnestad et al., 2007; Radaelli et al., 2013). Porém, com o avanço do treinamento e da aptidão física, novos estímulos devem ser proporcionados e, para tanto, o aumento no número de séries tem sido prática comum nas academias e pesquisas. Kraemer e Häkkinen (2004) citam de 3 a 6 séries, enquanto Peterson, Rhea e Alvar (2004) afirmam ser necessárias 8 séries para ganhos de força máxima em atletas. No que se refere à hipertrofia muscular, um recente estudo de revisão sistemática com meta-análise (Schoenfeld, Ogborn e Krieger, 2017) comparou os efeitos de treinos com volumes menores que 5 séries, entre 5 e 9 séries e 10 ou mais séries por grupo muscular por semana. Os resultados mostraram que rotinas com 10 ou mais séries semanais por grupo muscular apresentaram os melhores efeitos sobre a hipertrofia muscular. Assim, para sujeitos que treinam cada grupo muscular com frequência de 2 vezes na semana, uma quantidade de 5 ou mais séries por sessão de treino seria interessante.

Atualmente, grande parte dos fisiculturistas desenvolve seus treinamentos sem a preocupação da contagem do número de repetições e séries. Assim sendo, o fator relevante é a sensação subjetiva de fadiga localizada na musculatura em treinamento. Muitos fisiculturistas realizam treinamento com alto volume (muitas séries e repetições), com o intuito de esgotar as reservas energéticas intramusculares, enquanto outros aplicam sessões bastante curtas com altíssima densidade. De acordo com essa ideia, seria indiferente a realização de 5 ou 15 séries, caso ambas levassem à exaustão.

No entanto, essa ideia é de difícil aplicabilidade no cotidiano das academias, pois exige um total autoconhecimento por parte dos alunos, fato não comumente observado.

Para tanto, a estratégia normalmente adotada nas academias é a predeterminação da quantidade de exercícios e do número de séries. Geralmente, para alunos intermediários e avançados, a quantidade de exercícios por grupo muscular fica em torno de 2 a 3 (músculos pequenos) ou 3 a 4 (músculos grandes), e o número de séries também fica entre 3 e 4. Segue na Tabela 2.1 um exemplo clássico de treinamento de segunda-feira, para os músculos peitoral e tríceps:

Tabela 2.1 – Exemplo de sessão de treinamento para os músculos peitoral e tríceps braquial

Exercício	Nº séries
Supino reto	3
Supino inclinado com halteres	3
Crucifixo	3
Cross-over	3
Tríceps no *pulley* alto	3
Tríceps na testa	3
Tríceps francês	3

Do ponto de vista fisiológico, levando-se em conta que quanto maior a área e o volume muscular, supostamente, maiores serão as reservas energéticas, torna-se coerente pensar que maior também deverá ser o volume de treinamento. Porém essa ideia ainda não está clara na literatura científica.

Um fator importante é a necessidade de considerar a participação de músculos sinergistas quando na execução de exercícios para outros músculos-alvo (ex.: participação do tríceps braquial na execução do exercício supino):

Quadro 2.1 – Participação muscular durante os exercícios propostos na Tabela 2.1

Exercício	Participação muscular
Supino reto	Peitoral e tríceps
Supino inclinado com halteres	Peitoral e tríceps
Crucifixo	Peitoral
Cross-over	Peitoral
Tríceps no *pulley* alto	Tríceps
Tríceps na testa	Tríceps
Tríceps francês	Tríceps

Observa-se, então, que a montagem de um programa de musculação vai muito além da simples manipulação de variáveis como exercícios, séries, repetições etc.

Não existe quantidade ideal de exercícios e séries para determinado grupo muscular, ora podendo ser maior, ora menor, dependendo dos objetivos e da fase de treinamento. A análise de todos os aspectos fisiológicos, cinesiológicos e biomecânicos, somada ao autoconhecimento, dará suporte para a montagem do treinamento ideal.

2.4 Qual a velocidade de execução ideal nos exercícios de musculação?

A velocidade de execução dos exercícios dependerá sempre dos objetivos relacionados ao treinamento.

Com relação ao aumento da massa muscular, há algum tempo se acredita que a velocidade de execução dos exercícios de musculação para essa finalidade deve ser lenta, principalmente na fase excêntrica.

De fato, muitos defendem que a velocidade de execução da fase excêntrica deve ser controlada, haja vista que a musculatura desenvolve maior tensão nessa fase. De acordo com Kraemer e Fleck (2009), quando uma pessoa alcança o nível máximo de força dinâmica concêntrica, ela atingiu, aproximadamente, apenas 80% da força máxima excêntrica.

O ideal, portanto, seria o ajuste das cargas para cada fase do movimento, ou seja, aumentar a carga em aproximadamente 20% na fase excêntrica. No entanto, como em um treino convencional de musculação as cargas não são alteradas da fase concêntrica para a excêntrica, uma estratégia a ser adotada para manter uma ativação muscular ótima é a diminuição da velocidade de execução na fase excêntrica.

Sendo assim, com base nessa ideia, criaram-se, de maneira equivocada, alguns métodos de treinamento que valorizavam a execução dos exercícios de maneira exageradamente lenta (Teixeira e Guedes Jr., 2016b).

Esse é o caso do método superlento ou tensão lenta e contínua, cujos autores defendem a duração de até 30-40 segundos para cada repetição.

A ação muscular excêntrica seria fundamental para gerar microlesões na musculatura esquelética, que, supostamente, resultaria em futura hipertrofia muscular.

A execução de movimentos superlentos, por sua vez, tende a perder sua característica excêntrica e valorizar o componente isométrico, fato não interessante para quem objetiva o aumento da massa muscular. Portanto, a fase excêntrica deve ser controlada e não exageradamente lenta. Vale lembrar que as microlesões na fase excêntrica ocorrem pelo mecanismo de frenagem da carga. Logo, no exercício excessivamente lento a aceleração é mínima, não havendo grande solicitação de frenagem por parte dos músculos em ação excêntrica.

Com relação à fase concêntrica, a velocidade empregada no movimento deve ser a maior possível, haja vista que as cargas utilizadas são relativamente altas, impossibilitando o controle sobre a velocidade nessa fase, quando se deve vencer a resistência externa (Teixeira e Guedes Jr., 2016b). Sendo assim, a velocidade com que se pretende levantar a carga não necessariamente reflete a velocidade visível aos olhos (Bompa e Cornacchia, 2000).

Guedes Jr. (2003), com o intuito de esclarecer o assunto, afirma o seguinte:

> A velocidade de cada repetição deve ser rápida na fase concêntrica, no entanto, a carga elevada torna a velocidade do movimento lenta, pois a velocidade é inversamente proporcional à resistência. Já na fase negativa, o movimento deve ser controlado, enfatizando a frenagem.

O ACSM (2009), em seu último posicionamento oficial específico, recomenda que a velocidade de execução seja condizente com o tempo de 1 a 2 segundos de duração por fase de movimento (concêntrica e excêntrica). Já os resultados de uma meta-análise recente contribuíram para elevar a janela de duração da repetição em treinos com objetivo de hipertrofia muscular. O estudo concluiu que repetições variando entre 0,5 e 8 segundos, desde que conduzidas até a falha concêntrica, podem proporcionar hipertrofia em magnitude semelhante (Schoenfeld, Ogborn e Krieger, 2015).

Objetivos diferentes aos relacionados ao ganho de massa muscular exigirão velocidades de execução também diferentes.

No caso de se almejar o desenvolvimento da força rápida (explosiva, potência), a velocidade na fase concêntrica do movimento deverá ser a maior possível. Diferentemente das cargas utilizadas para hipertrofia muscular, as utilizadas para o desenvolvimento da força rápida são, geralmente, mais leves (aproximadamente 30%-40% 1 RM – repetição máxima – ou CMD – contração máxima dinâmica – ou menores). Em razão disso, o movimento torna-se mais rápido à vista de quem observa.

Ao contrário, no treinamento da força máxima (aproximadamente 85%-95% CMD), o movimento é visivelmente lento. Contudo, nas três situações apresentadas, a intenção é realizar o movimento de forma "explosiva"; o que difere são os pesos utilizados no treinamento.

Vale ressaltar que essa velocidade máxima deve ser empregada somente na fase concêntrica, devendo haver um controle sobre a velocidade na fase excêntrica, a fim de evitar frenagens bruscas e possíveis lesões (Teixeira e Guedes Jr., 2016b).

Além disso, estabelecer um determinado ritmo de movimento pode comprometer a intensidade (peso ou repetições) de uma série, pois, com o avanço do tempo e a instauração da fadiga, a velocidade do movimento tende a diminuir (Rocha, Morato e Guedes Jr., 2008).

2.5 É verdade que, após determinado período de treinamento na musculação, o organismo passa a não responder ou a responder menos aos estímulos?

Para facilitar o entendimento desta resposta, definiremos, de antemão, os termos *adaptação* e *homeostase*.

Adaptação, segundo Weineck (2000), é uma reorganização orgânica e funcional do organismo diante de exigências internas e externas. Zatsiorsky e Kraemer (2008) a definem como o ajustamento de um organismo ao seu meio ambiente. Sendo assim, a adaptação leva o organismo a uma melhora morfofuncional e a um aumento na sua potencialidade vital e capacidade de resistência aos estímulos ambientais, segundo Verkhoshanski (1992 apud Pereira e Souza Jr., 2005). O desenvolvimento das capacidades físicas dos indivíduos em face do treinamento sistemático pode ser considerado um exemplo de adaptação. No entanto, em razão de uma melhor compreensão do termo *adaptação*, este já não tem sido preferencialmente utilizado para identificar tais alterações ocorridas com o treinamento, pois, segundo especialistas no estudo da Biologia, a adaptação está associada a mutações gênicas irreversíveis ocorridas no DNA do organismo e transmitidas de geração para geração, resultantes do processo natural de seleção. Já as alterações proporcionadas pelo treinamento são reversíveis. Atualmente, os termos preferidos para se referir às modificações proporcionadas pelo exercício físico e treinamento são *ajustamentos* ou *ajustes* ou, ainda, *aclimação* (Guedes Jr., 2007a; Pereira e Souza Jr., 2005, 2001).

Por *homeostase*, do grego *homeos* (similar ou igual) e *stasis* (constância), entende-se a propriedade do organismo de regular seu ambiente interno de modo a manter uma condição estável ou um estado de equilíbrio dinâmico. Esse estado de equilíbrio se dá pela regulação dos sistemas de degradação e regeneração dos constituintes orgânicos. Porém, por ser um estado de equilíbrio dinâmico e o termo *homeostase* se referir ao equilíbrio estático, atualmente é mais comum empregar-se o termo *homeodinâmica* para se referir à ocorrência constante desses processos no organismo (Pereira e Souza Jr., 2005). Ainda assim, termos como *alostase* (Souza Jr. e Pereira, 2008) e *homeorese*, que significam, de um modo geral e respectivamente, "diferente constância" e "busca do equilíbrio", também podem ser encontrados na literatura.

É muito comum ler ou ouvir de especialistas no assunto a seguinte frase: "quanto mais treinado, menos treinável". Em outras palavras, essa afirmação significa que quanto maior for o nível de aptidão física de um indivíduo, mais difícil será conseguir melhoras em sua aptidão física através do treinamento.

O organismo humano tem a capacidade de se adaptar ou de se ajustar aos estímulos a ele oferecidos, isto é, estímulos que sejam oferecidos de forma adequada. Como o exemplo do treinamento, tendem a deixar o organismo mais forte e mais tolerante. Se não fosse essa capacidade de adaptação do organismo, de nada adiantaria o treinamento.

Sendo assim, Weineck (2000) define a adaptação como a lei mais universal e importante da vida.

O lado negativo desse fato é que, após determinado período exposto a um estímulo (sobrecarga) de mesma intensidade, esse estímulo passa a não ser suficiente para quebrar a homeostase desse organismo, não propiciando novas adaptações. Em outras palavras, um estímulo que ora é forte e adequado passa a ser fraco e ineficiente (Guedes Jr., Souza Jr. e Rocha, 2008). Weineck (2003), corroborando o exposto, afirma que sobrecargas constantes contribuem somente para a manutenção do desempenho já adquirido, mas não para seu aumento e, exacerbando um pouco, podem até proporcionar decréscimos no desempenho se mantidas por longos períodos.

Pereira e Souza Jr. (2005) concluem essa ideia afirmando que a atividade física, frequentemente utilizada com o intuito de promoção ou manutenção da "saúde" dos indivíduos, pode, na verdade, promover o oposto ao desejado, principalmente quando for praticada sem utilização de variabilidade de atividades físicas e/ou sobrecarga. A essa manutenção com posterior diminuição da aptidão física frente a um estímulo continuado e não variado dá-se o nome de acomodação (Zatsiorsky e Kraemer, 2008).

Sendo assim, deparamo-nos com a necessidade de sempre rever a intensidade dos estímulos, para evitar estagnação (platô) do rendimento. Na musculação, o aumento da intensidade dos estímulos se dá, de forma mais comum, pelo princípio da sobrecarga progressiva. Como o nome já diz, a sobrecarga é aumentada de acordo com o tempo e com os ajustes sofridos pelos indivíduos.

Entretanto, essa sobrecarga deve ser devidamente dosada para que não prejudique o desempenho. Caso o estímulo não seja adequado, pode se enquadrar em duas outras condições que se tornam prejudiciais: estímulos fracos ou estímulos muito fortes.

Estímulos fracos não conseguem proporcionar quebra da homeostase e não proporcionam ajustes, como já foi citado, e estímulos muito fortes vão além da capacidade de assimilação e ajuste do organismo, podendo levar ao *overtraining* (Guedes Jr., 2007a; Guedes Jr., Souza Jr. e Rocha, 2008).

Guedes Jr., Souza Jr. e Rocha (2008) exemplificam em forma de gráficos o exposto até aqui:

Gráfico 2.1 – Estímulo fraco (não eficiente)

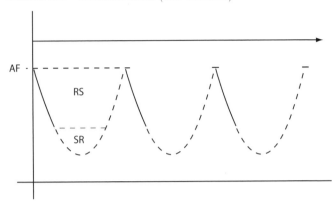

Gráfico 2.2 – Estímulo forte (adequado, eficiente)

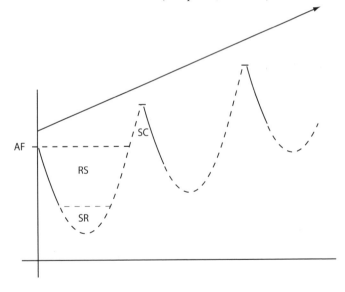

Gráfico 2.3 – Estímulo muito forte (não eficiente, prejudicial)

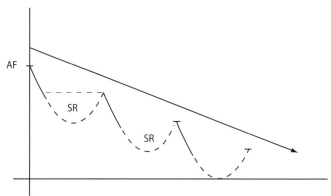

Legenda: AF = aptidão física; SR = sub-recuperação; RS = recuperação simples; SC = supercompensação.

O papel do profissional de Educação Física é fundamental para a aplicação desses conceitos, pois, como visto anteriormente, mesmo que a intensidade e a aplicação dos estímulos estejam adequadas para o momento (estímulo forte), esses estímulos passam a ser ineficientes depois de determinado período.

Geralmente, na musculação, abandonando por ora a teoria e levando em consideração o que se observa com frequência nas academias, os professores costumam alterar os treinamentos após períodos que giram em torno de 1 a 3 meses. Associando essa atitude prática à ciência, esse costuma ser o tempo aproximado de duração da maioria dos estudos (8 a 12 semanas).

Portanto, os períodos de "troca de treino" já utilizados nas academias condizem com a ciência, o que respalda a continuidade de sua utilização. É importante lembrar que a aplicação prática dos conceitos de periodização do treinamento desportivo também são estratégias interessantes que podem e devem ser utilizadas.

Cabe destacar que indivíduos treinados podem e devem variar os estímulos com maior frequência. Nesses casos, uma recomendação interessante é alterar o programa de treinamento a cada 4 semanas, podendo, inclusive, adotar frequência semanal ou diária para mudança de estímulos.

3 Musculação e saúde

3.1 Quais benefícios a musculação pode proporcionar para pessoas que trabalham muitas horas sentadas?

Sabe-se que a coluna sofre pressão considerável quando se permanece em posição inadequada por um período prolongado, e esse hábito inadequado promove músculos tensos, dolorosos e, consequentemente, segmentos corporais mais rígidos e com menor mobilidade (Verderi, 2005).

A manutenção de uma posição sentada por longos períodos pode se tornar inadequada, pois é importante ressaltar que, por mais confortável que pareça, não existe nenhuma cadeira tida como ideal e que possa ser usada de forma contínua durante esses longos períodos, como, por exemplo, uma jornada de trabalho de 8 horas (Brandimiller, 2002).

Esse comportamento postural inadequado pode levar a consequências como lombalgia e distúrbios osteomusculares relacionados ao trabalho (DORT). Uma vez instaladas essas condições, os trabalhadores podem vivenciar desde a diminuição de sua produtividade até seu afastamento temporário ou definitivo do trabalho.

Portanto, atitudes preventivas devem ser adotadas não só pelos trabalhadores, mas, principalmente, pelos empregadores (empresas), a fim de diminuir a probabilidade de ocorrência dos prejuízos citados.

No caso de jornadas de trabalho que exijam longos períodos sentado, recomenda-se ao trabalhador levantar-se por 15 minutos a cada 2 horas de trabalho (Brandimiller, 2002).

Além dessa atitude, algumas recomendações devem ser seguidas para assegurar uma condição saudável e confortável ao trabalhador (Verderi, 2005):

- manter as curvaturas anatômicas da coluna (ver item 1.4);
- o encosto da cadeira deverá apoiar a região entre a coluna lombar e torácica;
- se o encosto permitir, deve-se manter uma ligeira extensão do tronco, em torno de $10°$;
- as coxas devem estar posicionadas na horizontal e os joelhos devem estar flexionados a $90°$;
- os pés devem estar totalmente apoiados no solo;
- as mesas devem possuir altura que permita o trabalho sem o arqueamento das costas.

Outra atitude que minimiza os efeitos nocivos da manutenção prolongada das posturas de trabalho é a implantação, por parte das empresas, de programas de ginástica laboral (GL).

A GL, segundo Oliveira (2007), compreende exercícios específicos de alongamento, fortalecimento muscular, coordenação motora e relaxamento, realizados em diferentes setores ou departamentos da empresa, tendo como objetivo principal prevenir e diminuir os casos de patologias osteomusculoarticulares, entre as quais a DORT.

Além disso, a aplicação da GL, de acordo com evidências citadas por Oliveira (2007), mostra-se também uma ferramenta importante na redução dos acidentes de trabalho e das faltas, bem como no aumento da produtividade, na diminuição dos gastos com assistência médica e, consequentemente, em um maior retorno financeiro para as empresas.

Além dessas atitudes, outras medidas devem ser também adotadas fora do ambiente de trabalho, a fim de favorecer a saúde de um modo geral.

A prática de exercícios físicos regulares mostra-se um requisito fundamental quando o objetivo é a promoção/manutenção da saúde. Mais especificamente, a musculação, através dos benefícios que pode proporcionar (citados, inúmeras vezes, nesta obra), influencia positivamente no controle postural, tendo em vista que a manutenção de uma postura adequada depende, em grande parte, da capacidade funcional do sistema neuromuscular.

Durante os treinamentos para o desenvolvimento dessa capacidade, atenção deve ser despendida também às ações musculares isométricas, pois, levando em consideração o princípio da especificidade, as posturas laborativas exigem mais contrações estáticas do que dinâmicas, principalmente dos músculos do tronco (músculos posturais, músculos do *core*). Exercícios como as pranchas e pontes (ventral, lateral, dorsal) são boas opções e devem ser inseridos em programas de musculação que objetivam a melhora do padrão postural (Teixeira e Guedes Jr., 2016a).

Sabendo disso, profissionais da área da saúde, empregadores e trabalhadores conseguirão, em conjunto, aplicar esses conceitos a fim de que todos fiquem satisfeitos.

3.2 O treinamento excessivo de musculação pode trazer prejuízos à saúde? Quais seriam esses prejuízos?

É consenso, na literatura científica, que a prática de exercícios físicos promove diversos benefícios para a saúde de um modo geral. Também é bem documentado que, para a melhora dos componentes da aptidão física relacionada à saúde (composição corporal, aptidão cardiorrespiratória, flexibilidade, força e resistência muscular), a combinação de diferentes modalidades de exercício físico seria o mais indicado. O ACSM (2011) sugere a combinação de atividades de força, *endurance* (aeróbias) e flexibilidade, segundo a Tabela 3.1.

Tabela 3.1 – Recomendações gerais de exercício físico

Tipo de exercício	Frequência semanal
Cardiorrespiratório (aeróbio)	3-5 dias
Força	2-3 dias
Flexibilidade	2-3 dias (mínimo) 5-7 dias (ideal)
Funcional (neuromotor)	2-3 dias

Essas recomendações consideram, exclusivamente, a promoção da saúde, sem levar em consideração os objetivos do treinamento. Objetivos relacionados ao aumento da força e hipertrofia muscular podem requerer frequência semanal aumentada das atividades que priorizem o componente de força (musculação).

Fonte: adaptada de ACSM (2011).

Com base no exposto, conclui-se que, para que os benefícios possam ser observados de maneira ótima, determinada dose das atividades é recomendada. Essa relação é conhecida na literatura como dose-resposta. Sendo assim, de acordo com a dose de atividade que é prescrita ou praticada, obtém-se determinado resultado (resposta).

Apesar de a literatura fornecer respaldo para afirmar que a prática regular de exercícios físicos promove diversos benefícios à saúde, não há consenso sobre a dose ótima de atividade que poderá fornecer os melhores resultados (ACSM, 2011). Como já visto nessa obra (item 2.5), doses pequenas podem não oferecer estímulos (sobrecarga) suficientes para que ocorram adaptações positivas e, em contrapartida, doses excessivas podem proporcionar estímulos além da capacidade de adaptação do organismo, levando à síndrome do *overtraining*. O bom-senso nos levaria a crer que o meio termo entre o "muito pouco" e o "excessivo" deveria ser encontrado.

Entende-se por *overtraining*, ou sobretreinamento, um aumento no volume e/ou intensidade de treinamento que resulta em diminuição do desempenho (Fry e Kraemer, 1997). No entanto, como veremos mais à frente (item 4.2), a completa recuperação através do fenômeno da supercompensação depende muito do período de descanso entre as sessões de treinamento. Portanto, pode-se deduzir que o *overtraining* não está relacionado somente com o excesso de treinamento, mas com sua associação a períodos de descanso insuficientes ou inadequados. Vale lembrar que a alimentação também exerce influência na total recuperação, bem como no rendimento, sendo, portanto, fundamental nesse processo.

É muito raro observar excesso de treinamento em atletas de força ou pessoas que praticam somente musculação. Entretanto, a soma de atividades de maneira descontrolada pode favorecer o excesso e, assim, desencadear prejuízos à saúde.

Atualmente, em razão da grande ansiedade das pessoas para a conquista de um corpo perfeito, alguns excessos podem ser observados. Isso, associado às facilidades oferecidas pelos centros e academias físico-esportivas através dos pacotes promocionais, em que a prática de diversas modalidades é livre, favorece o descontrole por parte dos professores sobre alguns indivíduos. Sendo assim, torna-se comum observar indivíduos praticando várias modalidades de exercício diferentes, permanecendo em atividade por períodos prolongados e consecutivos, de até 3 ou 4 horas (Teixeira, 2007). Nesses casos, essas pessoas se tornam candidatas à síndrome do *overtraining*.

Em decorrência de tal síndrome, muitos podem ser os sintomas observados em conjunto ou isoladamente. Entre eles, Guedes Jr. (2007a) cita fadiga, dor muscular constante, depressão, insônia, ansiedade, irritabilidade, estresse emocional, diminuição do apetite, diminuição do peso corporal, diminuição da libido, queda de *performance* esportiva, sudorese excessiva, aumento da frequência cardíaca e pressão arterial em repouso, aumento da suscetibilidade a infecções do trato respiratório e das vias aéreas.

A atenção deve se voltar sempre para a prevenção, pois, uma vez instalada essa condição, sua completa recuperação pode demandar semanas ou até meses (Teixeira e Guedes Jr., 2016b). Uma situação que se confunde com o *overtraining* e pode atrapalhar no diagnóstico é o *overreaching*; porém, este requer poucos dias para sua recuperação e é uma estratégia comumente utilizada nos microciclos de choque presentes em uma periodização de treinamento de atletas.

A diferença existente entre os dois termos é justamente essa: enquanto o *overreaching* é um estado recuperável e promotor de supercompensação, após alguns dias de descanso, o *overtraining* é um estado deletério e requer semanas ou até meses para sua completa recuperação. Vale lembrar que, caso não seja respeitado o período de recuperação do estado de *overreaching*, este pode ser o estágio inicial do *overtraining*. O esquema abaixo resume essa ideia:

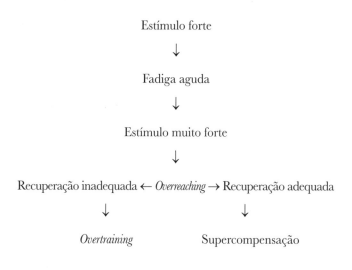

O papel do professor de musculação é fundamental para a prevenção do *overtraining*, pois, na maioria das vezes, é o profissional que tem o maior contato direto e individualizado com os alunos. Esse contato pode possibilitar a coleta de informações importantes sobre o nível e a frequência de atividades de cada indivíduo, possibilitando, assim, a elaboração de programas de treinamento que combinem, de maneira adequada, todas as modalidades de treinamento que o indivíduo queira praticar, associando os períodos de descanso necessários. Para que essa função seja desempenhada com qualidade, um profundo conhecimento sobre periodização de treinamento se torna requisito fundamental. A aplicação prática desses conceitos é a chave para que se obtenha o devido sucesso. Caberá também ao professor orientar se a atividade escolhida pelo aluno é recomendada para seus objetivos e nível de aptidão física.

3.3 Quais são as lesões mais frequentes na musculação? Como evitá-las?

Kety Magalhães Konda

Qualquer exercício físico, seja ele recreacional ou de alto rendimento, pode implicar risco de lesões. Estatisticamente, o número de lesões na musculação é relativamente baixo comparado a outras práticas desportivas ou atividades físicas (Hamill, 1994). Desequilíbrios musculares crônicos, que podem ter sua origem em um trabalho de adaptação muscular ou um trabalho de base mal-elaborado, são uma das possíveis causas de lesões (Bompa e Cornacchia, 2000).

De acordo com Fleck e Simão (2008), conduzido pela mesma equipe de autores deste livro, as regiões do corpo com maior índice de lesão são o ombro, o joelho e a região lombar, nessa ordem de ocorrência. Fleck e Simão (2008) relatam dores lombares e incômodos na articulação do ombro como as queixas mais comuns na sala de musculação.

A articulação glenoumeral (ombro) apresenta a maior liberdade de movimento no corpo humano (Pakenas e Serrão, 2002). O custo da sua grande liberdade de movimentos é a sua baixa estabilidade e, por isso, é a que mais depende dos mecanismos de estabilização. As estruturas estabilizadoras podem ser estáticas, como os ligamentos da glenoumeral, a cápsula articular e o lábio glenoide, ou dinâmicas, que são constituídas pelos músculos do manguito rotador (MR), deltoide, latíssimo do dorso, peitoral maior, redondo maior, coracobraquial e bíceps braquial.

O MR, composto pelos músculos supraespinhal, infraespinhal, subescapular e redondo menor, é o mais importante estabilizador dinâmico da glenoumeral, porque os pontos de inserção de seus músculos se fixam na parte anterior, superior e posterior da cabeça do úmero (osso do braço), mantendo-a estável na cavidade glenoide e permitindo a liberdade de movimentos sem que haja deslocamento da cabeça desse osso. Parte das lesões do ombro está associada à fraqueza muscular desse grupamento.

Devem-se incluir exercícios para esse grupamento muscular nos programas de musculação para manter a estabilidade da articulação em todos os demais exercícios para o membro superior. Exercícios de rotação externa e interna realizados a 90° de abdução apresentam maior atividade eletromiográfica quando comparados aos realizados em 45° ou 0° de abdução. O aumento da atividade ocorre porque os músculos do MR são mais exigidos para estabilizar dinamicamente a articulação glenoumeral nessa posição (Wilk, Arrigo e Andrews, 1997).

A região lombar também é ponto comum de queixas de dor. De acordo com dados epidemiológicos, cerca de 80% da população adulta sofre de dor temporária ou crônica nessa região (Zatsiorsky e Kraemer, 2008). A fraqueza e o desequilíbrio dos músculos paravertebrais, abdominais e baixos níveis de flexibilidade na região lombar e posterior da coxa são apontados como alguns dos fatores associados a dores lombares (Toscano e Egypto, 2001).

As musculaturas paravertebral e abdominal – também chamadas de músculos do *core* (centro) – são importantes para a manutenção adequada da postura em atividades diárias e, também, durante a realização de exercícios na sala de musculação. Autores como Bompa e Cornacchia (2000) adotam a seguinte diretriz como lei básica para elaboração de um programa de treinamento: primeiro o fortalecimento do centro para, depois, mobilizar as extremidades. Assim, uma musculatura do tronco fortalecida servirá de base estável e forte para o treinamento dos membros superiores e dos inferiores, minimizando o risco de lesões durante a execução dos exercícios (Willson et al., 2005).

Em tese, músculos fracos atingem a condição isquêmica e fadiga mais facilmente que músculos fortalecidos, aumentando a probabilidade de lesões e dificultando a manutenção da coluna em alinhamento adequado (Toscano e Egypto, 2001). Desse modo, é importante a inclusão de exercícios para fortalecimento isométrico dos flexores e extensores da coluna e, também, um programa de exercícios para melhora da flexibilidade, principalmente para a região lombar e cadeia posterior de coxa. A melhora da amplitude de movimento tem sido associada à diminuição da incidência de dores lombares agudas e crônicas, uma vez que a redução da amplitude leva a uma rigidez articular e limitação do movimento, impossibilitando a realização de tarefas do cotidiano e, também, de exercícios físicos sem dor.

Por fim, o fortalecimento dos músculos que envolvem articulações ou regiões corporais que são mais propensas a lesões é a estratégia mais sensata a ser adotada quando o objetivo é a prevenção.

3.4 Um corpo perfeito é sinônimo de um organismo saudável?

O termo *corpo perfeito* não é aplicável à ciência do exercício físico; no entanto, é comumente observado em ambientes de prática de exercícios, entre os quais a academia.

Entende-se por *perfeito* o corpo que atenda aos padrões de beleza atuais, ou seja, baixo percentual de gordura e musculatura visivelmente desenvolvida e simétrica.

Sendo assim, o corpo perfeito apresenta íntima relação com a estética, e, por muitas vezes, não se observa uma preocupação com a promoção/manutenção da saúde.

No Brasil, há uma preocupação geral das pessoas com o emagrecimento, principalmente na região abdominal. O emagrecimento, por sua vez, relaciona-se à diminuição do percentual de gordura corporal.

A literatura específica apresenta valores de percentual de gordura ideais para a saúde, de acordo com a idade, que variam entre 10% e 20%, para homens, e 15% e 25% para mulheres (Powers e Howley, 2005). Porém, quando se pensa em estética, personalidades como artistas, atletas, fisiculturistas, entre outros, que possuem percentual de gordura menor do que o mencionado, tornam-se referências.

Um fisiculturista do sexo masculino, por exemplo, no auge de sua preparação, chega a competir com percentual de gordura próximo a 2%. Nos mesmos moldes, modelos do sexo feminino que se exibem na mídia também apresentam valores muito baixos de gordura corporal.

Se levarmos em consideração que certa parte da gordura corporal total é considerada essencial para a manutenção das funções vitais e que essa quantidade de gordura essencial é, em média, de 3% e 12% para homens e mulheres, respectivamente (McArdle, Katch e Katch, 1998), os exemplos citados se encontram em *déficit*, podendo apresentar algumas disfunções no organismo. Portanto, o emagrecimento pode atender às exigências estéticas, mas deve ser conquistado de maneira gradativa e com certos limites que respeitem a saúde.

Outra preocupação relacionada à estética é o desenvolvimento da massa muscular (hipertrofia). Nesse aspecto, algumas particularidades são observadas entre os sexos, por exemplo, o desenvolvimento de tronco e membros superiores nos homens e o desenvolvimento de tronco e membros inferiores nas mulheres.

A busca incessante por essa conquista, muitas vezes, leva pessoas menos avisadas a utilizarem estratégias que potencializam esses efeitos, mas com a associação de efeitos colaterais. Um exemplo desse fato é a administração de esteroides anabólico-androgênicos (EAA) de forma indiscriminada e sem orientação médica, o que pode desencadear diversos efeitos nocivos à saúde (ver item 4.5).

Do mesmo modo que o processo de emagrecimento, o ganho de massa muscular deve ser lento e gradativo, respeitando os limites fisiológicos de cada indivíduo. Sendo assim, é importante lembrar que as pessoas são diferentes entre si e, portanto, não necessariamente apresentam o mesmo desenvolvimento muscular.

Modelos, atletas e fisiculturistas apresentam potencial genético diferenciado dos demais e, por isso, se destacam. São "um em um milhão", e o milhão restante deve se contentar em treinar para melhorar a saúde e, por conseguinte, a estética, dentro de suas limitações. Como diria Dilmar Pinto Guedes Jr., um dos autores deste livro, "quem nasceu para lagartixa não vira jacaré. No máximo, um calango".

Quando se pratica atividade física, a saúde deve estar sempre em primeiro plano. A estética sempre será *consequência* de um organismo saudável, e não a causa.

3.5 Suar emagrece? Treinar com agasalhos e utilizar plásticos sobre a pele são condutas saudáveis?

A primeira pergunta é respondida de forma simples e objetiva: suar não emagrece! Afinal, o que é emagrecimento? É a diminuição do peso corporal gordo, ou seja, *perda de gordura corporal.*

O suor é composto por água e eletrólitos, e sua perda não desempenha nenhum papel na perda de gordura (Foss e Keteyian, 2000). Portanto, definitivamente, suar não emagrece!

Como será observado mais à frente (item 7.2), o suor tem por função auxiliar na termorregulação, ou seja, na manutenção da temperatura corporal dentro dos limites fisiológicos.

O exercício físico é um fator estressor para a temperatura corporal, tendendo a elevá-la. A transpiração é um dos mecanismos utilizados pelo organismo para amenizar esse estresse térmico. A partir desse mecanismo, o líquido que é expelido pela pele evapora, levando o calor do corpo para o meio externo (ambiente), e esse mecanismo é a principal alternativa para a termorregulação durante o exercício físico.

O fato que leva as pessoas a acreditar na falsa hipótese do emagrecimento pelo suor é a diminuição do peso corporal total após a realização de uma determinada atividade física. Isso ocorre em razão da perda de água decorrente da transpiração. No entanto, essa perda é reposta pela hidratação posterior e o peso corporal volta ao normal, sendo transitória a variação observada.

A utilização de sacos plásticos sobre a pele e o uso de agasalhos durante os treinamentos foi uma prática comum entre desportistas, principalmente aqueles que sofriam exigências quanto ao peso corporal, como no caso dos lutadores. Apesar da disponibilidade de informações, essa prática ainda é vivenciada nos dias de hoje, em razão, principalmente, da falta de planejamento de treinamento que mantenha o atleta dentro da faixa de peso corporal desejada, fazendo-o apelar para métodos não saudáveis visando a uma perda de peso rápida.

Essa conduta dificulta a evaporação do suor, prejudicando, por consequência, a termorregulação e fazendo que o organismo produza e libere mais suor, perdendo mais líquido (desidratando). Nessas condições, a queda do desempenho esportivo é notória. Além disso, prejuízos à saúde também podem ser percebidos; portanto, esse não é um procedimento aconselhável (Foss e Keteyian, 2000).

Fleck e Simão (2008), com o intuito de orientar os praticantes de musculação, recomendam a utilização de roupas leves que possibilitem a troca de calor com o meio ambiente durante o treinamento. Por fim, vale ressaltar que, para o emagrecimento saudável, a conduta mais indicada é a promoção de um balanço calórico negativo crônico, ou seja, gasto calórico maior que a ingestão em um determinado período. Para tanto, deve-se associar uma alimentação adequada, um programa de exercícios físicos (acróbios e anaeróbios), orientação profissional especializada e muita, mas muita paciência.

4 Musculação e estética
(hipertrofia muscular)

4.1 Há algum tipo de treinamento que possa minimizar a perda de massa muscular durante um período de destreinamento (ausência de treinamento)?

A prática regular de musculação pode proporcionar algumas alterações benéficas ao corpo. Essas alterações podem se enquadrar em duas classificações: alterações funcionais e alterações morfológicas.

Alterações funcionais são aquelas ocorridas no desempenho, entre as quais podemos citar o aumento da força muscular e suas diversas manifestações (força máxima, força de resistência e força rápida ou explosiva) como as principais alterações funcionais.

As alterações morfológicas referem-se àquelas ocorridas em nível estrutural. A principal alteração morfológica observada em decorrência da prática da musculação é a hipertrofia muscular, ou seja, o aumento da área de secção transversa das fibras musculares.

A hipertrofia muscular ocorre, basicamente, por causa do aumento em dois componentes celulares: conteúdo sarcoplasmático e conteúdo miofibrilar.

Alguns autores consideram que o aumento, tanto do conteúdo sarcoplasmático, como do miofibrilar, ocorrem de maneira integrada (Gentil, 2005; Simão, 2007; Guedes Jr., 2007b), com ênfase em cada componente, de acordo com a metodologia de treinamento aplicada. No entanto, somente para efeito de melhor entendimento, consideraremos, nesta obra, a hipertrofia muscular de forma segmentada: sarcoplasmática e miofibrilar.

A hipertrofia sarcoplasmática ocorre quando a musculatura é submetida ao treinamento que enfatize o alto número de repetições com baixa carga e intervalos pequenos de descanso entre séries (estresse metabólico). Por se tratar de uma hipertrofia decorrente da reposição de substratos energéticos e líquidos no meio intracelular, esse efeito pode ser observado após curto período de treinamento; porém, um curto período de destreinamento também é suficiente para reverter esse quadro.

Já a hipertrofia miofibrilar ocorre em virtude da exposição regular ao treinamento, com ênfase no componente *tensional* de sobrecarga (cargas mais elevadas, menor número de repetições e intervalos de descanso maiores). Seu efeito depende de um médio/longo prazo para ser observado, entretanto, pode resistir mais a períodos de destreinamento. Portanto, caso haja conhecimento sobre uma possível e futura ausência no treinamento, procure enfatizar o componente tensional (peso elevado) nas sessões de treinamento que precederão esse período de ausência.

Tokmakidis et al. (2009) confirmam essa ideia em seu estudo. Os autores avaliaram o efeito de 12 semanas de destreinamento sobre a força e a massa muscular após um período de 12 semanas de treinamento resistido em dois grupos: o primeiro treinou com intensidade de 80% da carga máxima dinâmica e o segundo, com 60%. Ao final do período de destreinamento, ambos os grupos experimentaram diminuição tanto na força quanto na massa muscular avaliadas. No entanto, quando comparado aos níveis pré-treinamento, o grupo que treinou com o peso mais elevado apresentou maiores níveis de força e massa muscular em relação ao grupo que treinou com peso moderado. Outro estudo (Fatouros et al., 2005) observou resultados semelhantes em idosos submetidos a 24 semanas de treinamento com baixas (55% 1 RM) ou altas cargas (82% 1 RM), seguidas de 48 semanas de destreinamento. Embora ambas as intervenções tivessem proporcionado ganhos (força muscular, potência anaeróbia e mobilidade), os resultados foram maiores no grupo que treinou com altas cargas. Além disso, o grupo de alta intensidade foi o único que conseguiu manter os ganhos após período de destreinamento.

Mesmo assim, de acordo com um dos princípios do treinamento desportivo, conhecido como princípio da manutenção, a aptidão física pode ser mantida por um curto período de tempo, mesmo que sejam reduzidos volume e frequência semanal, mas desde que a intensidade do treinamento seja mantida (Guedes Jr., 2007a). Portanto, treinar apenas uma vez por semana com intensidades elevadas parece ser melhor do que não treinar.

Para manutenção da hipertrofia muscular, esse princípio pode não ser totalmente aplicável, pois depende de outra série de fatores; entretanto, no que diz respeito à saúde, o esforço para manter uma frequência de treinamento semanal mínima parece ser interessante.

4.2 O anabolismo (hipertrofia muscular) ocorre durante o exercício ou no repouso?

As definições dos termos *anabolismo* e *catabolismo* são essenciais para o completo entendimento do que será tratado a seguir.

Segundo Guedes Jr. (1997), entende-se por anabolismo a parte do *metabolismo* que se refere à complexação (assimilação) de substâncias em um *organismo*, ou seja, a partir de *moléculas* mais simples, são criadas moléculas mais complexas (síntese). Por catabolismo entende-se a parte do *metabolismo* que se refere à *assimilação* ou ao processamento ("quebra") da matéria adquirida para fins de obtenção de *energia*.

De uma forma bem simples, podemos afirmar, então, que o *anabolismo* significa captação de energia e o catabolismo, geração de energia, ou, ainda, que o anabolismo é a construção e o catabolismo, a destruição.

O exercício pode ser compreendido como um conjunto de contrações musculares realizadas de forma sequencial, com o objetivo de se manter ou melhorar um ou mais componentes da aptidão física. No caso da musculação, os principais objetivos relacionam-se à melhora da aptidão muscular, ou seja, ao aumento da força e hipertrofia.

O processo de contração muscular durante o exercício depende da transformação da energia química em energia mecânica (geração de trabalho). Parte dessa energia química também é perdida em forma de calor (energia térmica). Em outras palavras, a energia provinda dos alimentos e das reservas energéticas do organismo é utilizada para a realização do exercício.

A primeira via metabólica de geração de energia, conhecida como anaeróbia alática, é o sistema ATP-CP. Através dessa via, a creatina fosfato (CP) armazenada na musculatura é utilizada para a ressíntese do ATP, que é a "moeda energética" do organismo. Porém, em razão da baixa quantidade de CP armazenada nos músculos, sua contribuição é pequena e pouco duradoura na produção de energia.

Com o prolongamento da atividade, a participação da segunda via metabólica é aumentada. Essa via é conhecida como glicolítica ou anaeróbia lática, ou seja, utiliza a glicose para a produção de ATP sem a presença de oxigênio.

Se a atividade persistir por um período maior, a terceira via metabólica passa a desempenhar o papel principal. Essa é a conhecida via metabólica aeróbia e utiliza a glicose e o lipídio (gordura) como principais substratos para a produção de ATP sob a presença de oxigênio.

Todos os macronutrientes (carboidratos, gorduras e proteínas) são utilizados para a produção de energia durante o exercício. O que varia é a proporção de sua utilização.

Como vimos anteriormente, nas vias metabólicas de produção de energia, os principais substratos utilizados são os carboidratos e as gorduras. Na falta deles, o organismo passará a depender cada vez mais das proteínas. As proteínas não são utilizadas diretamente em nenhuma das vias metabólicas, porém, são degradadas e convertidas em glicose para posterior utilização.

O organismo humano apresenta reserva dos principais substratos energéticos:

- *CP*: armazenado em pequenas quantidades no sarcoplasma (célula muscular);
- *carboidrato*: armazenado em quantidades limitadas em forma de glicogênio muscular e hepático;
- *lipídio*: armazenado em maiores quantidades no tecido adiposo e em menor quantidade também no músculo.

O único substrato energético para o qual o organismo não apresenta reservas é a proteína, pois esta tem a função principal de servir como elemento estrutural e não como fonte de energia (Bacurau, 2007). O músculo esquelético, principal órgão-alvo das adaptações promovidas pelo treinamento de força, é composto, basicamente, por proteínas e água. Caso haja necessidade da utilização de proteínas para a geração de energia, o músculo esquelético será literalmente *consumido*.

Podemos dizer, então, que, durante a atividade, o músculo é um grande fornecedor de CP e, posteriormente, de glicogênio (carboidrato), que leva certa quantidade de água e, em situações extremas, proteínas. Portanto, pode-se concluir que o exercício é um estresse que proporciona reações catabólicas para o organismo.

Um erro comum é associar o inchaço localizado ocorrido durante a realização do exercício com o anabolismo ou a hipertrofia muscular. Esse inchaço (*pump* ou *pumping*) se dá em decorrência do acúmulo de metabólitos locais e ao redirecionamento do fluxo sanguíneo para a região em atividade, justamente para proporcionar substratos e nutrientes para a geração de energia. Esse inchaço desaparece minutos ou horas após a atividade.

O anabolismo real, ou a hipertrofia muscular, ocorre no repouso, através de um fenômeno denominado supercompensação. Por supercompensação entende-se a recuperação do organismo além dos níveis iniciais (pré-treinamento), ou seja, durante o repouso, todos os substratos utilizados durante o treinamento serão repostos em quantidades maiores do que as observadas inicialmente, gerando um *superavit* tanto metabólico (CP, glicogênio) quanto estrutural (proteínas contráteis), adaptando o organismo em níveis superiores (Guedes

Jr., 2007b, 2007c). Esse efeito de supercompensação e consequente adaptação (ajustamento) se completa após alguns dias (Guedes Jr., Souza Jr. e Rocha, 2008). Portanto, treinar em excesso e descansar pouco é uma combinação inimiga da hipertrofia muscular.

4.3 Qual seria a melhor metodologia de treinamento para a hipertrofia muscular? Poucas repetições com altas cargas ou muitas repetições com baixas cargas?

Para entendermos melhor a questão, definiremos os termos *carga* e *repetição*. Segundo Teixeira e Guedes Jr. (2016b), nos exercícios de musculação, a carga é a resistência imposta ao trabalho muscular. Essa resistência é, geralmente, quantificada pelo peso e, no Brasil, a medida usual é o quilograma (kg).

Por repetição, entende-se o movimento completo de um exercício que consiste, normalmente, em duas fases distintas: ação muscular concêntrica, ou fase de encurtamento do músculo, e a ação muscular excêntrica, ou fase de alongamento do músculo (Fleck e Kraemer, 2006). Alguns autores acrescentam a ação muscular isométrica na transição de uma fase para a outra (pausa momentânea).

Outro conceito básico de treinamento que deve ser levado em conta é que volume e intensidade são inversamente proporcionais, portanto, alta intensidade de treinamento tende a reduzir o seu volume e vice-versa.

Especificamente nessa situação, a intensidade dar-se-á pela carga levantada e volume, pelo número de repetições. Carga levantada e número de repetições também se associam com os tipos de sobrecarga (estresse) presentes na musculação. Esses tipos de estresse dividem-se em duas categorias, de acordo com o Quadro 4.1.

Quadro 4.1 – Características dos tipos de sobrecarga

Estresse tensional	Estresse metabólico*
Estímulo dirigido às miofibrilas ou às estruturas contráteis das fibras.	Estímulo dirigido ao sarcoplasma (líquido intracelular) ou às reservas energéticas das fibras.
Contribui para a síntese de proteínas contráteis.	Contribui para o aumento do líquido intracelular e outros componentes sarcoplasmáticos.
Relacionada, principalmente, ao componente *carga elevada* (peso).	Relacionada, principalmente, ao componente *repetições elevadas*.
Peso alto/baixo volume.	Peso baixo/alto volume.
Estímulo direcionado às fibras musculares do tipo 2.	Estímulo direcionado às fibras musculares do tipo 1.

*Evidências recentes apontam que o estresse metabólico também contribui para a síntese de proteínas contráteis (Burd et al., 2012).

Musculação e estética (hipertrofia muscular)

O ideal, em se tratando de treinamento e resultados, seria realizar alta quantidade de repetições com altas cargas, ou seja, proporcionar o máximo possível de estresse tensional e metabólico. Porém, em condições normais, isso parece ser impossível. Portanto, as cargas e o número de repetições a serem prescritos dependerão dos objetivos do praticante.

Esses objetivos se baseiam nas diversas manifestações de força existentes, e, para cada objetivo, determinado tipo de força deve ser trabalhado. Teixeira e Guedes Jr. (2016b) classificam em quatro, basicamente, os tipos de força a serem desenvolvidos na musculação: força máxima, força dinâmica, força de resistência e força rápida ou explosiva (potência).

Como visto, o desenvolvimento dessas capacidades dar-se-á pelo componente de sobrecarga oferecido no treinamento, e, no geral, praticantes de musculação não atletas têm a hipertrofia muscular como objetivo principal.

Para a obtenção da hipertrofia muscular máxima, todos os componentes celulares devem aumentar de tamanho, ou seja, deve ocorrer tanto o aumento do conteúdo miofibrilar, como do sarcoplasmático.

Levando em consideração que, quando a ênfase é dada à carga, há maior tendência ao estresse tensional e que, quando a ênfase se dá nas repetições, o estresse metabólico tende a ser mais evidente, o ideal seria balancear a relação carga-repetição para que se obtenha estímulo máximo (tensional e metabólico), proporcionando, assim, hipertrofia máxima.

O ACSM (2007) recomenda que sejam realizadas de 3 a 20 repetições, e, em seu último posicionamento oficial e específico sobre o assunto em questão (ACSM, 2009), a faixa de repetições deve ficar entre 6 e 12 para o objetivo de aumento da massa muscular (hipertrofia). Guedes Jr., Souza Jr. e Rocha (2008), também focando o aumento da massa muscular, recomendam uma gama de repetições um pouco mais ampla, entre 6 e 20, faixa específica para o desenvolvimento da força dinâmica e também denominada "janela para hipertrofia". Mais recentemente, pesquisas têm sugerido que a hipertrofia pode ocorrer com zonas mais amplas de repetições, desde que se atinja a falha concêntrica (Schoenfeld, 2013). Schoenfeld, Ogborn e Krieger (2015), por exemplo, observaram aumentos semelhantes na espessura muscular de bíceps, tríceps e quadríceps em sujeitos treinados submetidos a 8 semanas de treinamento adotando regime de 8 a 12 RMs ou 25 a 35 RMs.

É importante ressaltar que todo tipo de treinamento proporciona melhores resultados quando devidamente periodizado (Kraemer e Fleck, 2009) e que, na periodização, podem-se alternar períodos que enfatizem os componentes tensional e metabólico, evitando, assim, platôs de rendimento. Vale lembrar, também, que as outras variáveis metodológicas de treinamento, como o número de séries por exercício, a quantidade de exercícios, o intervalo entre as séries, entre outras, têm sua importância e devem ser consideradas.

4.4 "Três séries de 8 para crescer e 3 séries de 15 para definir." Fato ou mito?

A ideia de que um baixo número de repetições (ex.: 8) promoveria melhores resultados relacionados à hipertrofia muscular e, em contrapartida, um número ligeiramente mais elevado de repetições (ex.: 15) resultaria em uma maior definição muscular é antiga e até hoje utilizada equivocadamente em alguns programas de musculação. Essa concepção é provinda, provavelmente, da cultura de treinamento dos fisiculturistas do passado, conforme descrito a seguir.

O fisiculturismo – modalidade competitiva em musculação – consiste na escolha do melhor físico, ou seja, o que apresenta melhor volume, definição e proporção muscular (simetria) (Guedes Jr., Souza Jr. e Rocha, 2008), sendo, portanto, uma modalidade em que se busca a perfeição estética.

Os atletas fisiculturistas seguem uma rotina de treinamento dividida em dois períodos distintos: *off season* ou *bulking* e *pre-contest* ou *cutting*.

- *Off season*: esse período é caracterizado pelo objetivo de ganho de peso corporal magro, que, muitas vezes, vem associado ao ganho de peso gordo em razão da adoção de uma dieta hipercalórica. Nessa fase do treinamento, os atletas ficam, realmente, "enormes". As sessões de treinamento, geralmente, consistem no levantamento de cargas pesadas com número moderado de repetições (ex.: 3 × 8).

- *Pre-contest*: esse período é caracterizado pelo objetivo de diminuir o percentual de gordura com o intuito de melhorar a definição muscular. Para tanto, os atletas adotam uma dieta hipocalórica. As sessões de treinamento dessa fase, geralmente, consistem no levantamento de cargas mais baixas e na execução de alto número de repetições (ex.: 3 × 15).

Como pôde ser observado, a principal diferença entre os períodos de treinamento consiste na dieta, ora hiper, ora hipocalórica, a fim de atender aos objetivos de cada fase.

Como veremos mais à frente neste livro (item 7.1), a alimentação exerce influência direta sobre o desempenho nos exercícios e, sendo assim, é coerente acreditar que haverá diferença no rendimento dos atletas entre os períodos *off season* e *pre-contest*. A diferença, então, entre a execução de 3 × 8 ou 3 × 15, respectivamente, dá-se pela alteração na dieta e não pelo objetivo da fase de treinamento (hipertrofia ou definição). O treinamento se ajusta à dieta e não o contrário.

O principal objetivo do atleta é o ganho de massa muscular, independentemente da fase de treinamento que atravesse. Para essa finalidade, recomenda-se a utilização de cargas moderadas/altas com número moderado de repetições. No entanto, a adoção de uma dieta hipocalórica crônica leva à diminuição da capacidade de desempenho atlético. Como consequência, o atleta se vê obrigado a diminuir a carga (peso) dos treinamentos e, para que ainda possa continuar oferecendo estímulos hipertróficos à musculatura, compensa essa diminuição de carga com o aumento no número de repetições e a diminuição dos intervalos entre séries.

Pela forte influência estética que o fisiculturismo exerce na sociedade, entusiastas da musculação privados de informação observam e adotam essas alterações de treinamento em seus respectivos treinamentos, porém, sem a preocupação em entender os motivos pelos quais o treinamento é alterado. Vale ressaltar que estudo recente, que objetivou confrontar mitos e evidências, concluiu que rotinas com altas cargas e baixas repetições, bem como rotinas com baixas cargas e altas repetições, parecem proporcionar respostas semelhantes no aumento da massa muscular e na diminuição do percentual de gordura corporal (Teixeira, Motoyama e Gentil, 2015).

Portanto, o principal fator determinante para a definição muscular é a alimentação e não as alterações no treinamento. Sendo assim, $3 \times 8, 3 \times 15, 4 \times 10$ ou qualquer outra combinação de séries e repetições semelhantes a essas têm como objetivo principal a promoção da hipertrofia muscular.

"Três séries de 8 para crescer e 3 séries de 15 para definir" é mito! Seja qual for seu objetivo relacionado à prática da musculação, o treinamento deve ser sempre direcionado ao crescimento muscular. A dieta é o principal fator que determinará o crescimento ou a definição muscular.

Por fim, a definição muscular ocorrerá como resultado da diminuição da gordura corporal adquirida na temporada de

Musculação e estética (hipertrofia muscular)

treinamento em razão da dieta hipercalórica. Esse objetivo será atingido, principalmente, pelas alterações na dieta alimentar. O exercício físico contribui por aumentar o gasto energético diário do praticante.

4.5 Quais os efeitos do uso de esteroides anabolizantes?

Antes de responder à pergunta, é importante definir alguns termos que serão utilizados no decorrer do livro:

- *Esteroides anabólicos androgênicos* (*EAAs*): são hormônios que derivam do colesterol, como a testosterona e seus derivados (Ferreira et al., 2007).
- *Recursos ergogênicos*: qualquer substância, processo ou procedimento que possa maximizar a *performance* e os resultados (Teixeira, 2008). Existem várias classificações para os recursos ergogênicos. Os EAAs estão classificados na categoria dos farmacológicos.
- *"Bomba"*: termo popular utilizado para se referir às drogas anabolizantes ilícitas (Teixeira, 2008), como os EAAs, hormônios polipeptídicos, como o hormônio do crescimento (GH), e outras drogas.

- *Metabolismo*: reações relacionadas ao ganho ou à perda de matéria pelo organismo.
- *Anabolismo*: reações relacionadas ao ganho de matéria. Moléculas menores se unem para formar moléculas maiores.
- *Catabolismo*: reações relacionadas à perda de matéria. Moléculas maiores são degradadas formando moléculas menores.

Os EAAs, como o nome já diz, são hormônios que apresentam duas funções principais. A primeira está relacionada ao anabolismo (síntese de tecido) e a segunda ao androgenismo (desenvolvimento das características sexuais secundárias masculinas).

Endogenamente (fabricado pelo próprio corpo), são produzidos nos testículos e no córtex adrenal e são os principais responsáveis pelas funções androgênicas (Ferreira et al., 2007; Silva et al., 2002).

Em sua forma exógena – compostos sintéticos semelhantes à testosterona –, sua função na medicina seria o tratamento de patologias como a sarcopenia, hipogonadismo, câncer de mama e osteoporose, entre outras (Silva, Danielski e Czepielewski, 2002). No entanto, no meio esportivo, os EAAs são geralmente utilizados com base em suas funções anabólicas, ou seja, para a otimização da força e o desenvolvimento da massa muscular, bem como pela sua potencial influência na agressividade e no estado de prontidão para o combate.

Os atletas optam pela sua utilização com a crença de que podem potencializar e acelerar os efeitos do treinamento relacionados à *performance*. Já indivíduos não atletas acreditam que a administração dos EAAs maximizaria os efeitos estéticos, sendo esse o principal motivo para sua utilização (Iriart, Chaves e Orleans, 2009).

De fato, apesar de não haver, por questões éticas, muitos estudos experimentais sobre o assunto com seres humanos, os achados da literatura associam diversos efeitos ergogênicos associados à utilização dos EAAs. Entre eles, Ghaphery (1995) e Van Marken Lichtenbelt et al. (2004) citam:

- aumento da massa muscular esquelética (hipertrofia muscular);
- aumento da concentração de hemoglobina (glóbulos vermelhos do sangue);
- aumento do hematócrito;
- aumento da retenção de nitrogênio (balanço nitrogenado positivo);
- redução dos estoques de gordura corporal;
- aumento da deposição de cálcio nos ossos.

Além dos citados, Guedes Jr., Souza Jr. e Rocha (2008) acrescentam: aumento do fluxo sanguíneo para o tecido muscular; aumento da síntese proteica; aumento da retenção de água; diminuição do catabolismo muscular; aumento do metabolismo basal; e aumento do glicogênio e creatina fosfato muscular.

Esses efeitos seriam maravilhosos se os efeitos anabólicos não viessem associados aos androgênicos, pois estes, associados a doses exageradamente altas, são os responsáveis pela maioria dos efeitos colaterais relativos à utilização dos EAAs. Infelizmente, os laboratórios ainda não conseguiram produzir uma substância puramente anabólica e, por menores que sejam as ações androgênicas, elas ainda se fazem presentes.

Sendo assim, com base nos estudos analisados, o uso crônico abusivo, indiscriminado e sem acompanhamento profissional dos EAAs pode provocar os seguintes efeitos adversos:

- acne;
- alterações do sistema cardiovascular;
- hipertrofia cardíaca;
- aumento da agressividade (psicopatologias);

- aumento do colesterol LDL ("ruim");
- diminuição do colesterol HDL ("bom");
- aumento do risco de evento cardiovascular;
- disfunções e câncer hepáticos;
- esterilidade;
- atrofia dos testículos;
- alargamento e câncer da próstata;
- calvície;
- lesões no tecido conjuntivo;
- ginecomastia (transformação do hormônio masculino em feminino – aromatização);
- alargamento do clitóris (em mulheres);
- hirsutismo (crescimento excessivo de pelos nas mulheres);
- engrossamento da voz;
- morte.

Na dúvida sobre a necessidade de utilização, consulte um médico endocrinologista. Vale ressaltar que a utilização de EAAs é tida como *doping* pelo Comitê Olímpico Internacional (COI), e todas as entidades esportivas e de saúde repudiam seu uso, alegando contrariedade aos princípios éticos.

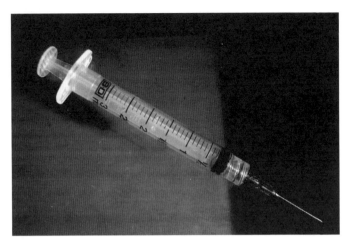

FIGURA 4.1 – As drogas anabolizantes mais utilizadas são na forma injetável ou oral.

4.6 A musculação auxilia na perda de gordura localizada?

O processo de emagrecimento em decorrência do exercício se dá através do princípio físico da transformação da energia. Segundo a ciência física, "na natureza, nada se cria, nada se perde, tudo se transforma". Sendo assim, o organismo humano funciona como uma máquina que transforma a energia dos alimentos em calor e movimento.

A energia contida nos alimentos, medida, geralmente, em quilocalorias (kcal), serve como combustível necessário para a manutenção das funções vitais do organismo (ex.:

funcionamento dos órgãos), bem como para as atividades extravitais (ex.: exercício físico). Analogamente, o corpo humano se assemelha a um automóvel, que necessita de combustível (gasolina, etanol etc.) para que possa funcionar.

Diariamente, quantidades de kcal são ingeridas e gastas, e, ao final de um período, a diferença entre o quanto se consome e o quanto se utiliza determina o *balanço calórico*. Tal balanço pode ser classificado em três situações distintas:

- *balanço calórico positivo*: a quantidade de kcal ingerida é maior que a quantidade gasta;
- *balanço calórico negativo*: a quantidade de kcal ingerida é menor que a quantidade gasta;
- *balanço calórico neutro*: a quantidade de kcal ingerida é igual à quantidade gasta (equilíbrio calórico).

Na situação de equilíbrio calórico, como toda energia ingerida é gasta, nenhuma alteração morfológica é vivenciada no organismo. Porém, levando-se em consideração que a energia não é perdida, mas transformada, nas outras situações (*superavit* ou *deficit* de energia) algumas alterações estruturais são observadas.

Em situação de balanço calórico positivo, a energia excedente (que não foi gasta) deve ser armazenada. O local preferido pelo organismo para armazenamento de energia é o tecido adiposo e, sendo assim, observa-se um aumento da quantidade de gordura corporal total. Valores excessivamente altos de gordura corporal caracterizam a obesidade e aumentam o risco do desenvolvimento de doenças associadas.

Já em situações de balanço calórico negativo, observa-se *déficit* de energia, que deve ser compensado para que o organismo continue a desempenhar suas funções, dentro da normalidade. Esse *déficit* é compensado pela energia armazenada nos depósitos orgânicos (tecido adiposo), sendo observada uma diminuição da gordura corporal total (Santarém, 1998).

Portanto, quando o objetivo é o emagrecimento, os indivíduos devem vivenciar situações crônicas de balanço calórico negativo. Para tanto, reduções significativas na quantidade de calorias ingeridas (controle alimentar) devem ser associadas ao aumento do gasto calórico diário (exercício físico) (Guedes Jr., Souza Jr. e Rocha, 2008).

É importante salientar que homens e mulheres diferem tanto na quantidade de gordura corporal total (ver item 3.4) quanto, também, na distribuição dessa gordura pelo corpo. Isso se deve, principalmente, a fatores hormonais.

A distribuição de gordura segue, geralmente, os padrões androide e ginoide, para homens e mulheres, respectivamente, mas isso não é uma regra.

O padrão androide, de um modo geral, leva a um acúmulo de gordura na região do tronco e abdominal. Esse tipo de acúmulo caracteriza-se pela gordura visceral e tende a aumentar o risco de disfunções crônico-degenerativas (Guedes e Guedes, 2006).

Já o padrão ginoide favorece maior acúmulo de gordura na região dos quadris e membros inferiores. Quantidade excessiva de gordura nos membros inferiores pode predispor algumas disfunções circulatórias na região.

A perda de gordura corporal, em consequência de um balanço calórico negativo crônico, ocorre de maneira generalizada, ou seja, no corpo inteiro (Powers e Howley, 2005). Até onde a ciência pôde evoluir atualmente, ainda não existem evidências para sustentar a ideia de que exista queima de gordura localizada através dos exercícios, principalmente na região abdominal (Ross e Janssen, 1999). Porém, estudos que comparam os efeitos de exercícios de alta e baixa intensidades sobre a gordura visceral mostram que os exercícios de alta intensidade parecem mais efetivos na redução dessa gordura (Irvin et al., 2008; Coker et al., 2009). É bem provável que isso se deva à maior quantidade de receptores beta-adrenérgicos no tecido adiposo visceral, o que faz com que os adipócitos dessa região sejam mobilizados com mais facilidade no exercício de alta intensidade, por causa dos maiores níveis circulantes de catecolaminas.

Portanto, priorizar exercícios de alta intensidade é uma estratégia interessante para reduzir a gordura abdominal, porém de nada adianta fazer mil exercícios abdominais por dia para perder a "barriguinha" indesejada. Os exercícios abdominais isoladamente, assim como os demais exercícios localizados, possuem excelente aplicação para outros objetivos (aumento da força, melhora da postura etc.). No entanto, de forma direta, contribuem muito pouco para o processo de emagrecimento, pois apresentam baixo gasto calórico.

Já o montante dos exercícios (resistidos e aeróbios) dispostos organizadamente em uma sessão de treinamento, assim como a regularidade desse treinamento, contribui bastante para o objetivo citado.

Vale lembrar também que, como dito anteriormente, a associação do treinamento com dieta alimentar equilibrada se apresenta como a maneira mais eficiente e sadia para promover a perda de peso (Fleck e Simão, 2008; Guedes Jr., Souza Jr. e Rocha, 2008).

Destaca-se ainda que, como será comentado em outra questão (item 5.2), o balanço calórico deve ser ajustado regularmente, pois esse equilíbrio calórico é dinâmico, ou seja, modifica-se com o passar do tempo (Bouchard, 2000).

4.7 Quanto tempo é necessário para que possam ser observados resultados estéticos com a musculação?

Uma das primeiras perguntas do aluno iniciante em musculação ao seu professor, na maioria das vezes, é a seguinte: "Em quanto tempo vou perceber os resultados?". Na verdade, os resultados benéficos consequentes de um programa de treinamento em musculação podem ser observados a partir da primeira sessão. Ajustes como a melhora da coordenação neuromuscular, aumento da força, melhora do tônus muscular, entre outros, podem ser notados tão logo se inicia o treinamento.

Entretanto, nos dias atuais, muitas pessoas que procuram um programa de exercícios físicos têm como objetivo principal a estética corporal. Sendo assim, quando questionados com relação ao prazo para início dos resultados, devemos saber que os alunos se referem à estética.

A ideia dos profissionais da área da saúde, geralmente, vai de encontro a essa realidade. O objetivo é fazer que a prática regular de atividade física seja cada vez mais difundida, porém, com o foco principal na promoção de saúde e melhora da qualidade de vida. No entanto, como essa realidade ainda está distante, devemos continuar trabalhando por esse ideal, sem ignorar a presente realidade, mas nos adequando a ela.

A estética corporal segue os padrões de beleza atuais, que exigem corpos com musculatura visivelmente aparente. Mesmo assim, pergunta-se: onde a musculação se encaixa nessa situação?

É sabido que uma das principais adaptações (ajustamentos) relacionadas ao treinamento de força é, justamente, o aumento da força muscular. Esse aumento da força muscular se deve a fatores neurais, musculares, biomecânicos e psicológicos (Guedes Jr., 2007c).

Considerando que o padrão atual de beleza exige corpos com musculatura desenvolvida e aparente, fecharemos, então, nossa atenção sobre os fatores musculares. Por fatores musculares, entendamos todos os ajustamentos ocorridos no tecido muscular em virtude do treinamento, e o aumento da massa muscular, graças ao aumento da área de secção transversal das fibras musculares (hipertrofia), é o principal. Está estabelecida a relação entre a musculação e a estética corporal.

Sendo assim, para responder à pergunta inicial do aluno, torna-se fundamental conhecer o tempo médio necessário para que o fenômeno da hipertrofia muscular seja notado. A partir do clássico gráfico abaixo, através da porcentagem de participação dos fatores neurais e musculares no desenvolvimento da força no decorrer das semanas de treinamento, é possível estimar esse tempo:

Gráfico 4.1 – Porcentagem de contribuição dos fatores neurais e musculares no desenvolvimento da força, no decorrer das semanas de treinamento

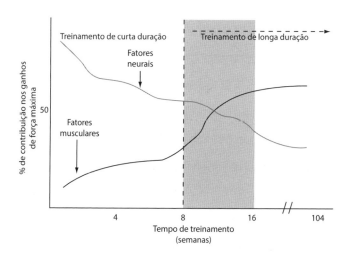

Fonte: adaptado de Fleck e Kraemer (2006).

Portanto, pode-se concluir que um tempo médio de 8 a 16 semanas ininterruptas, o que corresponde a aproximadamente 2 a 4 meses de treinamento, é necessário para que os "resultados visíveis" comecem a aparecer. É importante ressaltar que o aumento da taxa de síntese proteica miofibrilar (fator-chave para a hipertrofia) já é observado imediatamente após a primeira sessão de treino, porém a hipertrofia muscular é um fenômeno crônico resultante do balanço positivo entre síntese e degradação proteica, portanto, demanda tempo para que o praticante "veja" o resultado.

4.8 Por que é tão difícil hipertrofiar a região da panturrilha?

Por panturrilha entendamos a região posterior da perna, compreendida entre o joelho e o tornozelo. Essa região corporal possui diversos músculos; no entanto, um em especial deve ser destacado por ocupar o maior volume no local e, consequentemente, ser o principal responsável pelo tamanho da panturrilha: o tríceps sural.

Trata-se de um conjunto de três músculos que se unem em um tendão comum, denominado tendão calcâneo. Esses músculos são:

Musculação e estética (hipertrofia muscular)

- *Gastrocnêmio – porção lateral*: ocupa a porção posterolateral da perna. Age, principalmente, na flexão plantar (extensão) do tornozelo e auxilia nos primeiros graus de flexão do joelho.

- *Gastrocnêmio – porção medial*: ocupa a porção posteromedial da perna. Age, principalmente, na flexão plantar do tornozelo e auxilia nos primeiros graus de flexão do joelho.

- *Sóleo*: ocupa a região posterior média da perna, porém, profundo ao gastrocnêmio. Age, principalmente, na flexão plantar do tornozelo.

Além das funções desempenhadas durante os movimentos citados, o tríceps sural, principalmente o sóleo, desempenha importante função postural, sendo um dos principais músculos responsáveis pela manutenção do equilíbrio na postura em pé.

A manutenção da postura em pé exige contrações constantes e prolongadas da musculatura citada, pois, por mais estático que se pareça estar, o corpo sempre está submetido a forças internas e externas que tentam comprometer seu equilíbrio (Barela, 2000).

Para suportar essa sobrecarga constante, a musculatura necessita de uma arquitetura específica. Essa arquitetura exige diversos fatores, dentre os quais se destaca a porcentagem dos tipos de fibras que compõem o músculo.

A literatura mais antiga, de forma generalizada, afirmava que o músculo esquelético era composto por dois tipos de fibras com características distintas: *tipo I*, lenta ou vermelha, e *tipo II*, rápida ou branca.

Uma classificação mais atual, porém, ainda de forma generalizada, divide as fibras tipo II em dois subtipos, totalizando três tipos de fibras musculares (Guedes Jr., 2007c; Powers e Howley, 2005; Foss e Keteyian, 2000):

- *Tipo I* ou *lenta oxidativa*: possuem grande capacidade oxidativa, portanto, grande resistência à fadiga. São incapazes de produzir grande tensão. Possuem tamanho pequeno, por isso são as primeiras a serem recrutadas, obedecendo ao princípio do tamanho.
- *Tipo II* ou *rápida*: possuem grande capacidade glicolítica, portanto, não são tão resistentes à fadiga. No entanto, são capazes de produzir alta tensão em grandes velocidades. Possuem tamanho grande, por isso são recrutadas posteriormente, exigindo estímulos de maior intensidade (princípio do tamanho). Subdividem-se em:

- *tipo IIa* ou *rápida oxidativa*: possuem metabolismo misto (glicolítico-oxidativo). São fortes, velozes e resistentes à fadiga, porém em menor escala que as do tipo I.
- *tipo IIb* (*ou IIx*) ou *rápida glicolítica*: são puramente glicolíticas. São muito fortes e velozes, porém, fadigam-se rapidamente.

A distribuição das fibras musculares em pessoas normais geralmente é apresentada na proporção de 1:1 entre fibras tipos I e II. No entanto, essa proporção obedece a fatores genéticos e pode variar muito de pessoa para pessoa, bem como de músculo para músculo.

Músculos que exercem funções relacionadas a contrações constantes e prolongadas, como o músculo da panturrilha (principalmente o sóleo), podem apresentar porcentagem maior de fibras tipo I, pois estas são mais resistentes à fadiga. Foss e Keteyian (2000) citam que o sóleo contém de 25% a 40% mais fibras tipo I que os outros músculos da perna.

Esse, talvez, seja o principal fator de dificuldade para a hipertrofia da região, levando em consideração que as fibras do tipo I possuem menor tamanho quando comparadas às fibras do tipo II e, por isso, apresentam menor relevância para a hipertrofia do músculo.

Vale ressaltar, novamente, que a genética é, então, o fator que ditará o desenvolvimento da região. No entanto, para maximizar os efeitos do treinamento sobre a hipertrofia da panturrilha, algumas dicas podem ser seguidas:

- Priorizar exercícios de flexão plantar com joelhos estendidos sobre aqueles com joelhos flexionados, tendo em vista que enfatizam o trabalho dos gastrocnêmios e que estes ocupam maior volume no local, além de possuírem maior proporção de fibras tipo II. Os joelhos estendidos favorecem a produção de força pelos gastrocnêmios, porque proporcionam seu pré-estiramento, tendo em vista que são músculos biarticulares (agem nas articulações do joelho e tornozelo). Já ao flexionar os joelhos, a ação dos gastrocnêmios é diminuída em razão do seu encurtamento, o que enfatiza a ação do sóleo.

- Explorar amplitude total de movimento, partindo de uma dorsiflexão (flexão) do tornozelo. Em situações em que o aparelho não permita tal recomendação, é aconselhável apoiar o antepé em um degrau ou *step*.

- Realizar quantidade de séries e repetições ligeiramente maiores do que a executada em outros exercícios para outros grupos musculares, haja vista sua maior porcentagem de fibras tipo I, que demoram mais para entrar em fadiga, principalmente quando da realização de exercício com joelhos flexionados, em que se enfatiza o sóleo; com os joelhos estendidos, a ênfase ocorre nos gastrocnêmios e a alavanca inter-resistente favorece a vantagem mecânica, sugerindo trabalho explosivo com cargas elevadas.

- Fazer intervalos curtos entre as séries (< 1 minuto).

- Realizar alto volume semanal de treinamento (3 a 4 vezes na semana) quando enfatizar o sóleo, pois as fibras tipo I, por apresentarem menor suscetilidade a microlesões, tendem a se recuperar mais rapidamente do estímulo.

Observação: Apesar de essas informações práticas não serem fundamentadas em artigos científicos, possuem respaldo anatomofisiológico e são observadas na prática por atletas experientes.

4.9 Somente a prática de exercícios abdominais é suficiente para auxiliar no processo de definição do abdome?

A estética corporal ainda é um dos principais motivos pelos quais as pessoas ingressam em um programa de exercícios físicos. Muitas delas consideram a famosa "barriguinha" a principal barreira para o alcance de seus objetivos.

A estética abdominal depende fundamentalmente de três fatores:

- hipertrofia da musculatura abdominal;
- pequeno depósito de gordura subcutânea localizada (baixo percentual de gordura);
- postura adequada.

Caso um dos fatores mencionados não acompanhe o desenvolvimento dos demais, a estética da região fica prejudicada. Portanto, para um melhor entendimento e aplicação prática abordaremos cada fator de maneira separada.

Quanto à hipertrofia da musculatura abdominal, como a de qualquer outra musculatura esquelética, a estratégia mais sensata e eficaz é a prática dos exercícios resistidos. Como o próprio nome já diz, *resistido* transmite a ideia de resistência oposta à tensão muscular, ou seja, carga. Portanto, para o desenvolvimento da musculatura abdominal, a carga utilizada é um dos fatores fundamentais para o sucesso.

Por se tratar de uma musculatura que desempenha função postural e, consequentemente, que apresenta maior resistência à fadiga, alguns equívocos ocorrem durante a prescrição dos exercícios. É comum observar sessões de treinamento em que séries e repetições para exercícios abdominais são interminavelmente longas.

No entanto, lembrando que volume e intensidade são inversamente proporcionais, séries e repetições longas proporcionam baixa intensidade, o que diminui a eficiência do exercício. Sendo assim, 3 a 5 séries de 12 a 20 repetições parece ser uma prescrição eficiente para desenvolvimento dessa musculatura (Guedes Jr., Souza Jr. e Rocha, 2008). De forma semelhante ao que é feito com outros grupos musculares, variar estímulos com ênfase tensional e metabólica são sugestões interessantes para maximizar os resultados.

Além desse equívoco na prescrição de séries e repetições, os exercícios abdominais talvez sejam os que apresentem o maior número de variações, com o intuito de enfatizar cada região abdominal e/ou motivar os praticantes.

Porém, é importante ressaltar que um dos exercícios mais simples, o *crunch* (flexão da coluna associada à retroversão pélvica, com os joelhos flexionados), quando realizado em grande amplitude de movimento (~ 45°), apresenta ótima relação custo-benefício (eficiência em contraposição às sobrecargas na coluna lombar) (Axler e McGill, 1997), sendo suficiente para ativar todos os músculos abdominais – reto abdominal, oblíquo externo, oblíquo interno e transverso (este último, caso seja forçada uma expiração durante a execução). A variação de exercícios é obviamente uma estratégia interessante, porém a seleção de exercícios deve considerar sempre a relação entre eficiência e segurança.

Musculação e estética (hipertrofia muscular)

FIGURA 4.2 – Abdominal *crunch:* posições inicial e final.

Quanto à diminuição do depósito de gordura subcutânea localizada na região abdominal, evidências sugerem que não há perda de gordura subcutânea localizada através de exercícios (Guedes Jr., 2007b; Powers e Howley, 2005), permanecendo o consenso de que a perda de gordura acontece de forma generalizada (no corpo todo) através de um balanço calórico negativo crônico (ver item 4.6). Vale lembrar que os exercícios gerais de alta intensidade tendem a mobilizar mais o tecido adiposo visceral, como também mencionado no item 4.6.

O ideal a se fazer nesse caso, conforme já mencionado neste livro, é associar a prática regular de exercícios físicos (aeróbios e anaeróbios) com a diminuição da ingestão calórica através de um processo de reeducação alimentar.

Musculação e estética (hipertrofia muscular)

Figura 4.3 – Exercício aeróbio, academia de musculação e alimentação balanceada.

Entretanto, mesmo aquelas pessoas que possuem baixo percentual de gordura podem apresentar prejuízos na estética abdominal caso uma postura bípede adequada não seja mantida.

O principal desvio postural que pode comprometer a estética da região é a hiperlordose lombar, ou seja, a acentuação da curvatura lombar da coluna vertebral. Essa acentuação tende a projetar os órgãos internos para frente, gerando um visível aumento da barriga através de uma situação conhecida como pitose ou protusão abdominal (Guedes Jr., 2007b).

É provável que, nas pessoas que apresentam tal desvio, observe-se fraqueza da musculatura da parede abdominal e dos glúteos, bem como encurtamento e fraqueza dos músculos lombares e flexores do quadril. Nesse caso, um trabalho que associe fortalecimento e flexibilidade dos músculos fracos e encurtados, respectivamente, se torna a melhor opção para a correção do desvio. É importante ressaltar que, além dos exercícios dinâmicos, exercícios isométricos como as pranchas, o *vacuum* abdominal e o *squeeze the glutes* (apertar os glúteos) podem ser bastante úteis para a melhora do padrão de recrutamento de alguns músculos relevantes para a função postural.

Atualmente, o uso da instabilidade no ambiente de treinamento tem se mostrado uma ferramenta eficiente no trabalho de toda a musculatura do *core* (núcleo), em que também está compreendida a região abdominal (Marshall e Murphy, 2006). Sendo assim, essas evidências asseguram o uso de mais um instrumento de trabalho que pode contribuir para a estética e a saúde.

5 Musculação e exercícios aeróbios

5.1 Musculação e exercícios aeróbios. Qual a melhor combinação?

Há um bom tempo, observa-se um consenso na literatura de que a prática regular de exercícios físicos promove diversas alterações benéficas à saúde. Todavia, os benefícios associados a essa prática tendem a ser específicos à modalidade que se pratica. Por exemplo, exercícios de força são específicos para melhorar a força, e exercícios de *endurance* (resistência) melhoram a resistência aeróbia.

Colocando a saúde como objetivo principal relacionado à prática regular de exercícios físicos, deixando em segundo plano qualquer outro objetivo, deve-se pensar em desenvolver os componentes da aptidão física relacionados à saúde, ou seja, a força e resistência muscular, a capacidade cardiorrespiratória, a flexibilidade e a composição corporal.

Porém, é impossível ignorar outros objetivos associados à prática de exercícios, como, por exemplo, a estética corporal, e esse é o principal objetivo da maioria dos praticantes de atividades físico-esportivas.

A estética corporal, por sua vez, está intimamente relacionada ao componente *composição corporal*, tendo em vista que os padrões de beleza atuais exigem baixo percentual de gordura e musculatura visivelmente aparente.

Unindo os objetivos relacionados à saúde — redução da incidência de doenças crônico-degenerativas não transmissíveis como obesidade, hipertensão arterial, diabetes e hipercolesterolemia — e à estética corporal — melhora da composição corporal, incluindo a redução do percentual de gordura e o aumento da massa muscular — os componentes da aptidão física relacionada à saúde que devem ser enfatizados são os relacionados à aptidão muscular e cardiorrespiratória, pois apresentam relação direta com os aspectos já citados.

Para tanto, os melhores resultados serão alcançados através da prescrição de exercícios resistidos e exercícios aeróbios. A essa combinação de exercícios dá-se o nome de *treinamento concorrente* ou *treinamento combinado* (ACSM, 2006b).

O que leva, também, à aplicação do treinamento concorrente, principalmente nos grandes centros urbanos, é a falta de tempo das pessoas para se dedicar aos programas de exercícios físicos, o que as obriga a contemplar, ao máximo, todas as capacidades físicas essenciais para a saúde em um curto espaço de tempo.

No entanto, o treinamento concorrente leva esse nome a partir da ideia de que os benefícios, proporcionados por cada uma das atividades (aeróbia e força), concorrem entre si, ou seja, uma atividade poderia interferir negativamente no desenvolvimento da outra.

De fato, alguns estudos realmente relatam prejuízos no desempenho de força e potência quando da aplicação do treinamento concorrente, geralmente quando a atividade aeróbia precede os exercícios de força (Aoki et al., 2003; Nader, 2006). A ordem inversa (treinamento de força seguido de treinamento aeróbio), no entanto, parece não proporcionar prejuízos ao desempenho (Fleck e Kraemer, 2006, Guedes Jr., Souza Jr. e Rocha, 2008).

As prováveis hipóteses que explicam a queda de rendimento nas atividades de força precedidas por exercícios aeróbios provêm de possíveis interferências agudas e crônicas. Quanto à hipótese das interferências agudas, sugere-se que haja alteração no padrão de recrutamento das unidades motoras, em razão da fadiga do sistema nervoso central, como, também, uma depleção parcial dos níveis de glicogênio muscular. Com relação às interferências crônicas, sugere-se uma atenuação da hipertrofia muscular, em razão da concorrência em âmbito molecular (mTOR vs. AMPK). Essa atenuação deve-se, também, ao fato do maior consumo de calorias durante os treinamentos, que seriam utilizadas durante o repouso para o processo de anabolismo (ressíntese de substratos e proteínas).

É importante lembrar que essas são apenas hipóteses, pois os mecanismos responsáveis pelo comprometimento da força e da potência em decorrência do treinamento concorrente – fato observado em alguns estudos – ainda não estão totalmente esclarecidos (Teixeira e Guedes Jr., 2016b), além de provirem de uma manipulação excessiva das variáveis volume e/ou intensidade.

Contudo, outros estudos não observaram interferências negativas nas variáveis da aptidão física em decorrência do treinamento concorrente, tanto na comparação de protocolo de treinamento de força com protocolo de treinamento concorrente (Glowacki et al., 2004), quanto, também, na comparação entre dois protocolos de treinamento concorrente que se diferenciavam na ordem de execução das atividades (treinamento aeróbio + treinamento de força; treinamento de força + treinamento aeróbio), ambos realizados na mesma sessão de treinamento, com um protocolo de 24 semanas de duração (Guedes Jr., 2007a).

De fato, o tempo de execução dos exercícios aeróbios, quando associados a programas de musculação, que, geralmente, duram em torno de 20 a 30 minutos – coincidência ou não, tempo semelhante ao máximo permitido de uso contínuo dos ergômetros, em algumas academias – não parece ser suficiente para interferir no desempenho da força, em razão de seu volume moderado. Essa ideia é confirmada no estudo de Wilson et al. (2012), que conclui que a possível interferência nos resultados está relacionada ao aumento no volume (> 20-30 minutos) e na frequência semanal (> 3 vezes) dos exercícios aeróbios. Sendo assim, evitando excessos, a combinação de diferentes atividades físicas pode trazer maiores benefícios à saúde como um todo.

Mesmo no meio esportivo (esporte competitivo), no qual os objetivos estão relacionados à *performance* e não à saúde, exemplos da combinação das atividades citadas podem ser observados. Em razão da grande exigência que obriga os atletas a treinarem exaustivamente com intervalos de recuperação, muitas vezes inadequados, os riscos à saúde aumentam (lesões, imunossupressão etc.). Isso tende a aumentar a preocupação com a manutenção da saúde de um modo geral, por parte de atletas e treinadores, o que pode induzir a aplicação do treinamento concorrente, mesmo que, por muitas vezes, seja desnecessário para a melhora da *performance*.

Por exemplo, podem-se observar, em alguns períodos de treinamento, fisiculturistas combinando atividades aeróbias (em ergômetros) com treinos de musculação. Isso se deve, em parte, à preocupação com a saúde cardiovascular.

Outro exemplo que pode ser observado é a prática de musculação por parte de maratonistas ou outros atletas de *endurance*. Nesse caso, além de poder contribuir para a melhora da *performance* esportiva, na questão da saúde, a musculação auxiliaria na manutenção da massa magra, que é altamente diminuída em virtude do grande catabolismo proporcionado pelas atividades de longa duração, como, também, na prevenção de lesões.

Entretanto, recomenda-se que as atividades tenham sua ordem de prioridade determinada com base nos objetivos principais dos alunos. Portanto, quando se tem por objetivo específico o desenvolvimento da força (força máxima, potência, hipertrofia), o treinamento de força deveria ser priorizado (especificidade do treinamento). Caso haja necessidade da combinação das atividades de força e aeróbia, pode-se optar pela prática da atividade aeróbia em períodos ou dias separados ou, se na mesma sessão, após o treino de força (Weineck, 2000; Paulo et al., 2005; Guedes Jr., 2007a). Quando o objetivo é hipertrofia máxima, Murach e Bagley (2016) sumarizaram as recomendações em recente publicação:

- Separar as sessões de treinamento de força e aeróbio por períodos de 6-24 horas.

- Adotar estratégias que diminuem o volume de exercícios: priorizar o treinamento intervalado de alta intensidade (HIIT); limitar o exercício aeróbio a 2-3 vezes por semana; limitar o treino resistido de membros inferiores a 1-2 vezes por semana.

- Priorizar exercício aeróbio em bicicleta em relação à corrida.

5.2 Musculação ou exercício aeróbio. Qual emagrece mais?

A prática da musculação, como a de qualquer outra atividade, contribui para a elevação do gasto calórico além daquele observado em nível de repouso. Esse fato, por si só, já auxilia no emagrecimento. Porém, o gasto calórico de uma sessão de musculação é menor em relação ao observado em uma sessão de atividade aeróbia (Tabela 5.1), portanto, a associação das atividades parece ser mais eficiente. No entanto, Santarém (1998) cita que os exercícios anaeróbios (musculação) também propiciam emagrecimento no período pós-exercício, quando toda a atividade metabólica de síntese proteica e glicídica (recuperação/supercompensação) ocorre à custa de energia aeróbia proveniente, na sua maior parte, dos ácidos graxos do tecido adiposo.

Vale ressaltar que o processo de emagrecimento depende de um balanço calórico negativo crônico, ou seja, o gasto calórico diário deve ser maior que a ingesta, e essa atitude deve ser mantida por determinado período. Sendo o tecido adiposo a principal reserva de energia do organismo, compreende-se que, quando faltam calorias na alimentação para suprir a demanda energética, ocorre mobilização de gordura corporal (Santarém, 1998). Para que isso ocorra, pode-se tanto elevar o gasto através da prática de atividade física quanto, também, diminuir a ingestão através de uma dieta alimentar, ou somar as duas formas (Guedes Jr., Souza Jr. e Rocha, 2008).

Evidências científicas sugerem que a combinação da modificação da dieta com exercício é o procedimento mais efetivo para obter a perda de peso, e a continuidade da prática de exercícios pode ser um dos melhores requisitos para conservação do peso corporal em longo prazo (Fleck e Simão, 2008). O efeito isolado da dieta é maior sobre a redução ponderal e sobre a diminuição do percentual

Musculação e exercícios aeróbios

de gordura corporal, porém, o exercício físico apresenta maior potencial para redução da gordura abdominal e aumento dos níveis de atividade física espontânea (Swift et al., 2014), o que justifica a necessidade de combinar as duas intervenções.

Na Tabela 5.1, temos um exemplo para estimar o gasto calórico de duas atividades distintas: musculação e corrida.

Tabela 5.1 – Gasto energético estimado durante determinadas atividades

Equivalente metabólico (MET)*	Atividade específica	Exemplo
10,0	Corrida	Corrida, 9 km/h
6,0	Exercícios resistidos	Levantamento de peso, levantamento básico ou fisiculturismo, esforço vigoroso

Fonte: Ainsworth et al. (2000 apud Powers e Howley).

* Equivalente metabólico necessário para realização da atividade. Esse equivalente pode ser utilizado para calcular o gasto energético *estimado* (por minuto) utilizando-se o peso corporal do indivíduo através da fórmula: gasto energético (kcal por minuto) = MET × MET da atividade × peso corporal (kg), em que: MET = 0,0175 kcal · kg^{-1} · min^{-1}.

Exemplo

Indivíduo com 70 kg durante as duas atividades citadas acima.

- Corrida

Gasto energético (kcal por minuto) = 0,0175 × 10,0 × 70

Gasto energético (kcal por minuto) = *12,25 kcal* por minuto

- Exercícios resistidos (musculação)

Gasto energético (kcal por minuto) = 0,0175 × 6,0 × 70

Gasto energético (kcal por minuto) = *7,35 kcal* por minuto

Como se pôde observar, o ato de correr a 9 km/h consome mais calorias do que um treino de musculação convencional. No entanto, mesmo considerando que as atividades aeróbias de intensidade moderada/alta apresentam gasto calórico maior que a musculação (durante a atividade), Guedes Jr., Souza Jr. e Rocha (2008) afirmam que a melhor maneira para garantir um emagrecimento sadio e eficiente, além da reeducação alimentar, é a combinação de atividades aeróbias e anaeróbias (musculação), e ainda citam alguns motivos que justificam tal afirmação:

- O tecido muscular, por ser bastante ativo, consome muitas calorias para a manutenção de sua estrutura e função. Sendo assim, indivíduos que observam um aumento da massa muscular em decorrência da musculação regular observam, também, um aumento no gasto calórico em situações basais e de repouso.
- A musculação tende a elevar os níveis de alguns hormônios "emagrecedores" que auxiliam na

mobilização de gordura para a produção de energia (testosterona e hormônio do crescimento).

- A prática de atividade aeróbia por longos períodos leva ao catabolismo proteico (perda de massa muscular) em razão do alto consumo de aminoácidos para a produção de energia, o que pode levar à diminuição da taxa metabólica de repouso. A musculação pode evitar ou diminuir essa perda de massa muscular.

Ratificando a ideia, Kraemer et al. (1999 apud Fleck e Figueira Jr. 2003) afirmam que a combinação de atividades aeróbias e resistidas é a que apresenta melhores resultados no processo de emagrecimento, proporcionando perda de peso corporal sem grandes diminuições no tecido magro (massa muscular), conforme citado: "Quem deseja emagrecer, portanto, deve realizar o treinamento com pesos a fim de evitar a perda de massa corporal magra". Essa sugestão é confirmada em estudos mais recentes (Dias, Montenegro e Monteiro, 2014).

Bouchard (2000) destaca que essas alterações agudas no balanço energético são eficientes até que o organismo se ajuste à nova condição, seja o aumento do gasto energético e/ou a diminuição da ingestão, que, nesse caso, diminuiria o peso corporal e, consequentemente, as necessidades energéticas diárias. Isso vale para o contrário, ou seja, o indivíduo engordará até que o organismo se adapte à nova condição de menor gasto e/ou maior consumo calórico e, então, o aumento do peso acarretará também o aumento do gasto energético diário, o que tenderia a diminuir a magnitude da engorda. Caso contrário, existiriam indivíduos que, em constante balanço calórico positivo, chegariam, com frequência, a pesar meia tonelada ou mais.

A partir daí, o autor sugere a equação de balanço energético a seguir:

$$\text{Taxa de alteração das reservas de energia} =$$
$$\text{Taxa de ingestão} - \text{Taxa de gasto energético}$$

Nesse caso, esses valores energéticos deveriam ser ajustados regularmente. Para facilitar o entendimento, imagine que o indivíduo tivesse um gasto calórico diário de 2.500 kcal e a ingestão fosse reduzida para 2.200 kcal. O balanço negativo levaria ao emagrecimento e perda de peso corporal. Isso diminuiria o gasto calórico diário, e a dieta de 2.200 kcal poderia ser suficiente para manter o equilíbrio, dificultando a continuidade do processo de emagrecimento. Sendo assim, a ingestão deve ser diminuída e/ou o gasto energético aumentado através de meios como o exercício físico, por exemplo.

5.3 A musculação auxilia no controle do colesterol ou somente os exercícios aeróbios auxiliam nesse processo?

O colesterol é um lipídio presente na corrente sanguínea que contribui para o desempenho de algumas funções vitais, dentre as quais a produção de alguns hormônios que são feitos à base dessa substância, como os hormônios gonadotróficos, responsáveis pelas características sexuais secundárias (McArdle, Katch e Katch, 1998). Esse colesterol sérico (sanguíneo) é encontrado associado a uma lipoproteína que o transporta e, segundo Powers e Howley (2005), de maneira usual, pode ser classificado de duas maneiras, de acordo com sua densidade, sendo as lipoproteínas de baixa densidade chamadas de LDL ou VLDL (*low densid lipoprotein* ou *very low densid lipoprotein*) e as de alta densidade, HDL (*high densid lipoprotein*).

Para que um indivíduo possa ser considerado saudável quanto ao seu perfil lipídico sanguíneo, alguns limites são recomendados na literatura, conforme exposto nas Tabelas 5.2 e 5.3.

Tabela 5.2 – Classificação do colesterol total e LDL

Classificação	Colesterol total	LDL
Ótimo ou desejável	< 200	< 100
Próximo do desejável ou pouco acima	-	100-129
Limítrofe	200-239	130-159
Alto	≥ 240	160-189
Muito alto	-	≥ 190

Fonte: National Cholesterol Education Program (2002) apud ACSM (2007).

Tabela 5.3 – Classificação do colesterol HDL

Classificação	HDL
Baixo	< 40
Normal	40-59
Alto	≥ 60

Fonte: National Cholesterol Education Program (2001) apud Heyward (2004).

Como podemos observar na Tabela 5.2, quantidades excessivas de LDL/VLDL (*colesterol "ruim"*) podem ser prejudiciais à saúde e tendem a aumentar a incidência de complicações cardiovasculares (Powers e Howley, 2005; Heyward, 2004; McArdle, Katch e Katch, 1998; Foss e Keteyian, 2000). O que faz que essas lipoproteínas apresentem baixa densidade são as altas quantidades de gordura por elas transportadas, sendo baixa sua quantidade de proteína. Por esse motivo, contribuem para o acúmulo de gordura nas paredes dos vasos sanguíneos, gerando espessamento de sua parede com consequente estreitamento da luz do vaso. Esse estreitamento, por sua vez, torna-se um problema associado às coronariopatias e aos acidentes vasculares encefálicos – AVE (AVC, ou *derrame cerebral*).

Já o HDL, ou *colesterol "bom"*, em razão de sua alta densidade (maior quantidade de proteína e menor quantidade de gordura), funciona como uma "vassoura", limpando as paredes dos vasos sanguíneos, contribuindo para a diminuição das placas de gordura depositadas. Por isso, níveis aumentados de HDL tendem a beneficiar a saúde, oferecendo proteção contra as coronariopatias (Powers e Howley, 2005; McArdle, Katch e Katch, 1998; Foss e Keteyian, 2000).

As recomendações não medicamentosas para tratamento da dislipidemia (alterações no perfil lipídico sérico) incluem alterações na dieta alimentar e prática regular de exercícios físicos. Segundo Foss e Keteyian (2000), os lipídios presentes na dieta, principalmente altas quantidades de gorduras saturadas (de origem animal), são um dos principais fatores para a elevação súbita dos níveis de colesterol sanguíneo e, consequentemente, talvez sejam um dos principais agentes causadores da aterosclerose em países desenvolvidos.

Isso nos permite afirmar que a modificação na dieta alimentar, incluindo a redução do consumo de gorduras (20% a 35% do total de calorias consumidas), principalmente as gorduras saturadas, seja a principal contribuição para a redução do colesterol sérico.

A prática de exercícios, não menos importante, também se mostra eficiente para promover alterações benéficas no perfil lipídico sanguíneo. Os exercícios também auxiliam na redução do peso corporal, e essa redução, quando necessária, também pode contribuir para o tratamento das dislipidemias.

Quanto ao tipo de exercício, a modalidade primária deve consistir em atividades aeróbias com intensidade leve a moderada (ACSM, 2007). Essa posição se baseia no fato de que a maioria dos estudos relaciona somente esse tipo de exercício com as lipoproteínas, sem ênfase nos exercícios de força (Prado e Dantas, 2002).

Revisões da literatura concluem que a relação entre os exercícios aeróbios e as alterações benéficas no colesterol LDL e HDL parece estar bem definida, corroborando a afirmação mencionada (Kodama et al., 2007; Prado e Dantas, 2002).

Ao contrário da maioria das pesquisas, ainda poucos e controversos estudos envolvem os efeitos do treinamento de força sobre o perfil lipídico sanguíneo. Porém, uma meta-análise que incluiu 29 estudos contemplando 1.329 pessoas, concluiu que o treinamento de força melhora significativamente os níveis de colesterol total (-2,7%) e LDL (-4,6%), mas não aumenta significativamente o HDL (Kelley e Kelley, 2009). Outro estudo mais recente concluiu que o treinamento de força é uma alternativa viável ao treinamento aeróbio, porém deve-se atentar ao aumento do componente aeróbio da sessão, priorizando o aumento do volume (número de séries) em relação ao aumento da intensidade (Mann, Beedie e Jimenez, 2014). Os mesmos autores afirmam, ainda, que a combinação de treinamento de força e treinamento aeróbio possivelmente aumenta os benefícios sobre o perfil lipídico, no entanto mais estudos são necessários para confirmar essa hipótese.

Portanto, a combinação de atividades, sugerida nas *recomendações gerais de exercício* citadas no item 1.1, deve ser levada em consideração no ato de sua prescrição (ACSM, 2007). Sendo assim, sabendo que a aptidão muscular (força e resistência muscular) é um componente da aptidão física relacionada à saúde, a prática dessas modalidades (ex.: musculação) deve ser incluída em qualquer programa de promoção de saúde e qualidade de vida (Prado e Dantas, 2002; Guedes Jr., Souza Jr. e Rocha, 2008). A seguir há recomendações recentes para a prescrição de exercícios para melhora do perfil lipídico (Mann et al., 2014):

- Colesterol elevado (dislipidemia): aumento da atividade física para > 30 minutos diários, 5 vezes por semana; exercício aeróbio prolongado de intensidade moderada, entre 70% a 80% da frequência cardíaca de reserva, progredindo para 85% da frequência cardíaca máxima; combinar com treinamento de força de intensidade moderada a alta (75%-85% 1 RM).

6 Musculação e flexibilidade

6.1 Musculação e exercícios de alongamento. Qual a melhor combinação?

Antes de iniciarmos esta discussão, cabe a definição dos termos:

- *Flexibilidade*: amplitude máxima de movimento em uma ou mais articulações, sem lesioná-las.
- *Alongamento*: exercícios ou posturas utilizadas para treinar a flexibilidade (Achour Jr., 2002).

A musculação (exercícios resistidos) é, sem dúvida, o método mais efetivo para o desenvolvimento da força muscular. Já os exercícios de alongamento têm sua reconhecida importância no desenvolvimento da flexibilidade. Força e flexibilidade, por sua vez, conforme já visto anteriormente, são dois dos componentes da aptidão física relacionada à saúde e, portanto, devem ser incluídas em um programa de exercícios físicos.

A ideia geral, na abordagem tradicional de prescrição do treinamento físico, é que as capacidades físicas sejam treinadas separadamente (em sessões distintas) para que não haja interferência negativa de uma sobre a outra.

Porém, quando tratamos de exercícios de alongamento, é muito frequente observar sua inclusão nas mais diversas sessões de treinamento, independentemente do objetivo principal da sessão. Os exercícios de alongamento são comumente observados no início e ao final das sessões de treino, com o intuito de preparar a musculatura para o esforço (aquecimento) e relaxar a musculatura pós-esforço (relaxamento), respectivamente.

Figura 6.1 – Exercício de alongamento.

Na musculação, não é diferente. Muitos praticantes dessa modalidade são adeptos dos exercícios gerais de alongamento nos períodos de aquecimento e relaxamento da sessão de treino. A justificativa para isso se dá na hipótese de que tal prática, além de preparar a musculatura para o esforço, diminuiria a ocorrência de lesões durante a atividade e facilitaria a recuperação muscular pós-atividade.

Esse fato despertou a atenção de estudiosos do assunto, o que contribuiu para o desenvolvimento de pesquisas, que geraram e geram, por si, alguns questionamentos: "Os exercícios de alongamento são realmente eficientes para a finalidade citada? Em caso negativo, qual a melhor combinação entre as atividades?".

Quanto à prevenção de lesões, Thacker et al. (2004) dizem não haver evidências científicas suficientes para afirmar ou discordar que uma rotina de alongamentos (pré e pós-exercício) possa interferir nesse aspecto. Estudos recentes de revisão sistemática confirmam essa ideia, afirmando que os resultados de 11 pesquisas sobre a influência do alongamento pré-exercício na prevenção de lesões são inconclusivos (Lewis, 2014).

Com relação aos exercícios de alongamento associados ao treinamento de força, a maior parte dos estudos chega à conclusão de que quando o alongamento, realizado de forma intensa e estática, precede atividades cujo objetivo principal é o desenvolvimento da força muscular, sua influência é negativa, diminuindo o desempenho na atividade subsequente. Esse efeito parece ser agudo, desaparecendo após algum tempo (Herda et al., 2008; Ramos, Santos e Gonçalves, 2007; Tricoli e Paulo, 2002).

As causas que explicam tal prejuízo da força em decorrência da realização prévia do alongamento estático ainda não estão bem definidas na literatura. No entanto, Ramos, Santos e Gonçalves (2007), após revisão científica, afirmam que os estudiosos do assunto citam três possíveis causas (hipóteses) para explicar o fato: fatores mecânicos como alterações nas propriedades viscoelásticas do músculo e do complexo músculo-tendão; alterações no comprimento/tensão da fibra muscular; fatores neurológicos. Os fatores neurais têm recebido atenção especial nos últimos anos e, com base em revisão recente da literatura, têm sido apontados como os principais causadores da redução da força após alongamento passivo (Trajano, Nosaka e Blasevich, 2017).

Mesmo com essas informações, muitos indivíduos utilizam os exercícios de alongamento em uma sessão de musculação e sentem-se bem com isso. Sendo assim, Herda et al. (2008) sugerem que, caso se opte pela realização de exercícios de alongamento antes da musculação, os exercícios de alongamento dinâmicos devem ser preferidos aos estáticos, por concluírem que são menos prejudiciais ao desenvolvimento da força muscular.

Seguindo linha de raciocínio semelhante, estudo conduzido por Arruda et al. (2006) comparou dois protocolos de aquecimento anteriores a um teste de 10 RM no exercício supino reto na máquina. O primeiro utilizava protocolo composto por aquecimento específico (2 séries de 15 repetições com 55% da carga para 10 RM) e o segundo, por alongamentos estáticos (4 exercícios de alongamento para os músculos peitoral, deltoide e tríceps braquial; 2 séries de 20 segundos cada). Todos os indivíduos foram submetidos ao teste prévio de 10 RM sem aquecimento, para detecção da carga e comparação posterior do desempenho com aquecimento. Ao final do estudo, os autores concluíram que não houve diferença significativa no desempenho após aquecimento específico, considerando que o mesmo desempenho não foi observado após os exercícios de alongamento, quando houve queda de *performance*. Vale lembrar que o aquecimento específico, quando desempenhado de forma a explorar toda a amplitude do movimento articular (ADM), assemelha-se aos exercícios de alongamento dinâmico.

Ainda assim, caso persista a opção de se utilizar alongamentos estáticos no período pré-exercício, Siatras et al. (2008) recomendam duração menor que 30 segundos para cada grupo muscular e intensidade moderada, o que condiz com recomendações do ACSM (2007) (15 a 30 segundos), pois os possíveis efeitos deletérios do alongamento sobre a força tendem a aumentar com sua duração e maiores intensidades.

Corroborando essa ideia, uma visão mais crítica permite afirmar que em alguns estudos em que foram observados prejuízos no desempenho subsequente de força, os protocolos de alongamento excediam a prática comum (Rubini, Costa e Gomes, 2007), que, normalmente, varia entre 10 e 20 segundos, com aplicação de apenas uma série.

Quanto à realização dos exercícios de alongamento pós-treino de força, muitos indivíduos utilizam essa prática para auxiliar no relaxamento da musculatura. De fato, quando realizado de forma amena, o alongamento pode auxiliar no relaxamento da musculatura que ainda se encontra tensa no período imediatamente após o treino (Achour Jr., 2002). Contudo, atenção especial deve ser despendida, pois, nesse momento, o músculo apresenta-se fatigado, o que dificulta a ação dos fusos musculares (reflexo miotático − sistema de proteção ao estiramento excessivo), e com risco de lesão aumentado (Guedes Jr., Souza Jr. e Rocha, 2008).

Outros estudos, ainda com relação aos alongamentos pós--treino, avaliaram a sua eficácia na diminuição da dor muscular tardia, o que, se acontecesse, possibilitaria uma recuperação mais rápida. Porém, Herbert e Gabriel (2002) e Herbert e Noronha (2007), após duas revisões de literatura, concluíram que exercícios de alongamento são ineficientes para proteger ou diminuir a dor muscular pós-exercício.

Na musculação, porém, ao contrário de outras modalidades, a diminuição da dor muscular tardia pode não ser interessante, pois ela é resultante das microlesões musculares que geraram um processo inflamatório e que, provavelmente, favorece a hipertrofia muscular (ver item 1.11).

A musculação apresenta, portanto, algumas particularidades como a citada, o que torna ainda mais atraente seu estudo e prática. Podemos definir essas particularidades como algumas aplicações práticas, que não são comprovadas cientificamente, mas que promovem bons resultados, pelo menos segundo aqueles que as praticam. Com relação ao tema "musculação *vs.* alongamento", uma prática comum observada entre fisiculturistas experientes é a realização de séries de alongamento entre as séries dos exercícios de musculação (prática comum no método FST-7). Tal prática tem por finalidade aumentar a incidência de microlesões na musculatura, o que favoreceria ainda mais a hipertrofia muscular, após a recuperação. Contudo, dois estudos compararam os efeitos da realização de alongamento entre as séries do treinamento de força, com treinamento de força sem alongamentos e não verificaram efeitos adicionais sobre força. Embora a massa muscular não tenha sido avaliada de forma direta, ambos os estudos avaliaram respostas de hormônios relacionados ao perfil anabólico (hormônio do crescimento, IGF-1, cortisol) e também não encontraram efeitos adicionais proporcionados pelo alongamento (Souza et al., 2013; Borges Bastos et al., 2013).

Conclui-se, então, que, apesar dos prós e contras, a prática do alongamento associado à musculação não é proibida, mas facultada, com ressalvas. Sua aplicação dependerá sempre do bom-senso, e a atividade principal – no caso a musculação – deve ser sempre priorizada. Um bom entendimento entre professor e aluno resultará sempre em aplicações benéficas à saúde.

6.2 A musculação prejudica o desenvolvimento da flexibilidade?

A palavra *musculação* pode ser definida, na literatura, como sinônimo de *treinamento resistido* ou *treinamento de força*. Portanto, a musculação é um meio de se treinar a força muscular.

Força muscular, segundo Teixeira e Guedes Jr. (2016b), é uma tensão voluntária máxima ou submáxima, gerada por um músculo ou grupo muscular, podendo ser maior, igual ou menor a uma dada resistência.

Já a flexibilidade é definida como a amplitude máxima de movimento em uma ou mais articulações, sem lesioná-las, enquanto alongamentos são exercícios ou posturas utilizadas para treinar a flexibilidade (Achour Jr., 2002).

Conclui-se, então, que força e flexibilidade são as capacidades físicas treináveis, enquanto musculação e alongamentos são meios adequados de treiná-las

Portanto, com base em suas definições, força muscular e flexibilidade são capacidades físicas distintas e requerem treinamento diferenciado para seu desenvolvimento. Essa ideia se respalda no princípio do treinamento desportivo denominado *especificidade*. O princípio da especificidade defende a ideia de que o desenvolvimento das capacidades físicas se dá de acordo com os meios utilizados para treinar. Sendo assim, o treinamento de força desenvolve, principalmente, a força e o treinamento de flexibilidade desenvolve, principalmente, a flexibilidade.

É claro que um levantador de peso, por treinar a força, não se tornará um contorcionista e este, por treinar a flexibilidade, não se tornará um levantador de peso. No entanto, é um equívoco pensar que o treinamento único de uma capacidade física pode prejudicar o desenvolvimento de outra. Sendo assim, alguns mitos são desfeitos com base na literatura científica.

A antiga ideia de que a musculação prejudica o desenvolvimento da flexibilidade se baseia na hipótese de que o aumento do tônus e da massa muscular diminuiria a amplitude de movimento articular.

Porém, o único fator físico que pode estar relacionado à diminuição da amplitude de movimento articular em virtude do aumento excessivo da massa muscular é a lei da Física que afirma que "dois corpos (massas) não ocupam o mesmo lugar no espaço ao mesmo tempo" (Guedes Jr., Souza Jr. e Rocha, 2008). Portanto, se o músculo bíceps braquial, por exemplo, for extremamente hipertrofiado, ele pode limitar a flexão do cotovelo pelo fato de encostar no antebraço antes que a ADM total do cotovelo seja atingida. No entanto, essa hipertrofia extrema não é observada na maioria das pessoas, sendo observada, exclusivamente, em atletas fisiculturistas de alto nível, não servindo de sustentação para tal mito.

Como já dito, é obvio que um indivíduo que só treina força não desenvolverá níveis extremos de flexibilidade, pois, para isso, necessitaria de treinamento específico. Entretanto, os níveis de flexibilidade iniciais (pré-treinamento) podem ser mantidos ou até ligeiramente aumentados em virtude da prática da musculação em pessoas fisicamente inativas ou pouco ativas.

Vale et al. (2006) observaram aumento na força máxima e na flexibilidade em um grupo de mulheres idosas sedentárias submetidas somente a treinamento resistido (2 vezes por semana, durante 16 semanas), o que contribuiu para a melhora da autonomia funcional.

Resultado semelhante foi observado em adultos jovens sedentários do sexo masculino após 10 semanas de treinamento com pesos, conforme pesquisa conduzida por Cyrino et al. (2004). Os autores concluíram que a prática do treinamento com pesos pôde contribuir para a preservação ou a melhora dos níveis de flexibilidade do período pré-treinamento em diversas articulações Outro estudo, agora com público feminino sedentário e com idade adulta média (próximo a 37 anos), também observou aumento da flexibilidade em alguns, mas não em todos os movimentos articulares, como consequência de um programa de treinamento com pesos, fato não observado no grupo controle (Monteiro et al., 2008).

Guedes Jr. (2007a) encontrou aumento da amplitude de movimento do ombro e quadril em indivíduos de ambos os sexos que praticaram musculação durante 24 semanas, sem treinamento específico de flexibilidade.

Estudo mais recente comparou os ganhos de flexibilidade entre grupos submetidos a treinamento resistido ou treinamento de flexibilidade. Após 5 semanas de intervenção, os autores observaram que a flexibilidade aumentou em ambos os grupos na extensão e flexão do quadril e no músculo posterior da coxa, sem diferença entre eles (Morton et al., 2011).

Na verdade, o que contribui para o aumento da flexibilidade é a execução de movimentos (exercícios) que exploram graus de amplitude articular antes não explorados. O peso externo (carga) é um instrumento que auxilia a "forçar" a utilização desses graus de ADM (Achour Jr., 2002).

Alguns estudos sugerem, ainda, que o treinamento da flexibilidade pode potencializar os ganhos de força muscular, por otimizar a curva fisiológica *comprimento-tensão* (Achour Jr., 2002; Guedes Jr., 2007a; Badillo e Ayestarán, 2001).

Figura 6.2 – Crucifixo explorando últimos graus de ADM do ombro, para o movimento de abdução horizontal.

O que pode levar à diminuição da flexibilidade, com ou sem o treinamento de musculação, é o desuso (destreinamento). O desuso, ou a falta de explorar determinada amplitude articular no dia a dia e/ou no treinamento, faz que o sistema musculoesquelético "entenda" que aquela faixa da ADM determinada não seja necessária para a manutenção das atividades corriqueiras, ocorrendo destreinamento e prejuízo de função. Tem-se um exemplo clássico e extremo disso após um período de imobilização (tala ou gesso) em algum segmento corporal, quando se pode notar limitação da mobilidade articular em razão dos ajustes sofridos pelo desuso (destreinamento).

Por isso, é aconselhável que, durante a execução dos exercícios resistidos, seja explorada toda ADM articular possível, evitando ênfase excessiva nos movimentos com repetições parciais (Fleck e Simão, 2008). Ressalvas sejam feitas para aqueles exercícios que apresentam elevação do potencial lesivo quando executados com grande ADM articular.

É necessária, também, a prescrição de exercícios que explorem todos os graus de liberdade das articulações, trabalhando de maneira equilibrada os músculos agonistas/antagonistas.

Fleck e Simão (2008) afirmam que essas são as orientações básicas para se obter aumento de flexibilidade (leve a moderado) e redução das lesões em um programa de treinamento de força. Todavia, caso o objetivo do praticante de musculação seja o aumento da flexibilidade além dos níveis proporcionados pelo treinamento resistido, deve-se levar em consideração o princípio da especificidade de treinamento e optar pela ênfase ao treino de flexibilidade, se possível, em um período (sessão) separado, para minimizar o risco de lesão ou comprometimento dos resultados (Teixeira e Guedes Jr., 2016b).

7 Musculação
Condições especiais I

7.1 Treinar em jejum faz mal?

A realização de um exercício físico é totalmente dependente das reservas energéticas orgânicas. O principal substrato energético utilizado no exercício é a glicose, que é armazenada em quantidades limitadas em forma de glicogênio muscular e hepático.

Uma alimentação adequada, mantida de forma crônica, é fundamental para a manutenção/reposição dessas reservas energéticas. Já a alimentação pré-exercício funciona como um complemento da alimentação diária, a fim de contribuir para o reabastecimento das reservas energéticas. Analogamente, é como completar o tanque de combustível de seu carro antes de uma viagem. Essa ideia dá margem à hipótese de que, se o exercício físico for realizado em jejum, sem grande disponibilidade de glicose, a oxidação de gorduras pode ser potencializada e isso maximizaria os resultados relacionados ao emagrecimento. Embora seja uma hipótese plausível, um recente estudo observou melhora semelhante na composição corporal de mulheres jovens submetidas a 5 semanas de treinamento aeróbio associado a dieta hipocalórica, independentemente do estado de alimentação pré-exercício (em jejum ou não) (Schoenfeld et al., 2014).

Apesar do jejum associado ao exercício físico não se mostrar, até o momento, uma estratégia que maximiza o emagrecimento (um dos principais objetivos das pessoas que apresentam tal conduta), estudos recentes vêm mostrando que o exercício aeróbio em jejum pode ser interessante para melhora do controle glicêmico e sensibilidade à insulina em sujeitos saudáveis (Hansen, De Strycker e Calders, 2017), podendo ser uma estratégia interessante para sujeitos com diabetes tipo 2, porém carecendo de mais investigações nessa população específica.

Na musculação, os estudos envolvendo a prática do jejum antes das sessões de treino são escassos, o que impossibilita conclusões sobre seus efeitos. Porém, considerando que a glicose é o principal substrato energético nas sessões de treino com foco em hipertrofia muscular, treinar em condição de jejum pode ser contraproducente.

Portanto, considerando o que se tem de informação disponível até o momento, jejuar antes de uma competição ou sessão de treino de força não faz sentido do ponto de vista fisiológico, pois essa conduta leva, rapidamente, à depleção do glicogênio muscular e hepático, pode prejudicar o rendimento no treino e, consequentemente, os resultados.

FIGURA 7.1 – Exemplo de refeição balanceada.

A depleção do glicogênio, por sua vez, prejudica a capacidade de desempenho durante o treinamento e predispõe ao catabolismo proteico (consumo de tecido muscular), fato não desejado pelo praticante de musculação.

Além disso, a glicose também é o principal combustível para o funcionamento do cérebro, e a sua escassez pode predispor a sensação de letargia e a possíveis desmaios.

Sendo assim, uma boa refeição pré-exercício deve se tornar um hábito. Essa refeição deve incluir alimentos facilmente digeríveis e que contribuam para as necessidades energéticas e hídricas no exercício. Por esse motivo, essa refeição deve ser rica em carboidratos de baixo a moderado índice glicêmico[1] (IG) e relativamente pobre em proteínas e gorduras (McArdle, Katch e Katch, 1998).

Um período de 2 a 3 horas antes da atividade costuma ser suficiente para permitir um total esvaziamento gástrico e eliminação de possíveis excessos pela urina.

Atenção deve ser despendida às refeições contendo carboidratos com alto IG que, caso sejam consumidas no período de aproximadamente 1 hora antes do exercício, têm o potencial de afetar negativamente o desempenho subsequente por dois motivos principais (McArdle, Katch e Katch, 1998; Bacurau, 2007):

- elevam rapidamente a glicose sanguínea, gerando uma liberação excessiva de insulina que produzirá hipoglicemia reativa (efeito "rebote");
- facilitam o influxo de glicose para a célula, aumentando o metabolismo da glicose e diminuindo o metabolismo das gorduras, o que acarreta uma rápida depleção da glicose.

---

[1] O índice glicêmico é uma medida relativa do grau em que a glicose sanguínea aumenta após a ingestão de um alimento contendo 50 gramas de carboidratos (McArdle, Katch e Katch, 1998), estando relacionado à resposta insulínica do organismo.

Entretanto, esse fato é controverso e parece depender mais da sensibilidade do atleta às oscilações da insulina circulante que da refeição propriamente dita (Foss e Keteyian, 2000). Por isso, o autoconhecimento é necessário no momento da escolha da refeição pré-exercício. A consulta a um profissional de nutrição esportiva é uma conduta aconselhável.

7.2 Qual a maneira correta para se hidratar durante os treinamentos?

Antes de começarmos a falar sobre hidratação, é interessante conhecer a importância da água no organismo humano.

Entre outras funções, a água (H_2O) se destaca na termorregulação (regulação da temperatura corporal) por meio da sudorese, na função estrutural (ligação entre moléculas), no transporte e na eliminação de substâncias e no controle da pressão arterial (Powers e Howley, 2005; McArdle, Katch e Katch, 1998).

A água é o principal componente do corpo humano, perfazendo um total aproximado de 60% da massa corporal e 72% da massa corporal magra em adultos saudáveis (Guedes Jr., Souza Jr. e Rocha, 2008). Essa proporção de água depende de fatores como a idade e a composição corporal, e indivíduos mais velhos e mais gordos tendem a apresentar menor quantidade relativa de água corporal.

Figura 7.2 – É recomendada a ingestão de 2,5 litros, em média, de água diariamente, o que corresponde ao valor aproximado de perda de água em condições de repouso.

Sendo assim, a água é essencial para a vida dos seres humanos. É possível resistir a longos períodos sem comida, utilizando-se apenas da energia armazenada no tecido adiposo. Entretanto, o ser humano não resiste a períodos prolongados sem o consumo de água.

Perdas de água equivalentes a 2% do peso corporal (desidratação mínima) proporcionam a manifestação da sede. Perdas maiores (aproximadamente 6% – desidratação grave) já podem levar à exaustão por calor, com consequente confusão mental, dor de cabeça, desorientação, coma e morte (Bucci, 1996 apud Guedes Jr., Souza Jr. e Rocha, 2008).

Logo, não é aconselhável esperar a manifestação da sede para se hidratar, pois, quando se sente sede, já se vivencia um estado de desidratação (perda de água) de aproximadamente 2% do peso corporal. Porém, essa recomendação é contestada em um estudo de revisão da literatura que concluiu que a ingestão de líquidos de acordo com a sede parece suficiente e adequada para garantir o equilíbrio hídrico do organismo durante o exercício físico (Machado-Moreira et al., 2006).

É importante lembrar que, juntamente com a água perdida, perdem-se, também, eletrólitos que desempenham importantes funções no organismo (ex.: sódio, potássio, cloreto).

A recomendação para a administração de água em condições de repouso é de, aproximadamente, 2,5 litros por dia (McArdle, Katch e Katch, 1998) e se baseia na perda diária de água, que ocorre conforme a Tabela 7.1. A água pode ser obtida pelas seguintes fontes: consumo de líquidos, alimentos e durante o metabolismo.

Tabela 7.1 – Perda diária de água em condições normais (temperatura normal, sem exercício)

Meio	Quantidade perdida (ml)	Média perdida (ml)
Urina	1.000 a 1.500	1.250
Pele	Perspiração insensível – 350 Suor – 500 a 700	850
Respiração	250 a 350	350
Fezes	100 a 200	100
Total	2.200 a 3.100	2.550

Fonte: Adaptada de McArdle, Katch e Katch (1998).

No entanto, na condição do exercício físico adicional (estilo de vida ativo), a perda de líquido pode aumentar significativamente em razão do aumento na produção de suor.

Isso se deve ao aumento na produção de calor em decorrência do exercício (Bacurau, 2007), pois o corpo humano é apenas 20% a 30% eficiente, ou seja, somente essa porcentagem da energia disponível é utilizada para realizar trabalho, e o restante (70% a 80%) é perdido em forma de calor (Powers e Howley, 2005). Isso obriga o organismo a acionar mecanismos para eliminar esse calor. O mecanismo mais eficiente, nessas condições, é a transpiração, que se dá pela liberação de líquido pela pele (suor) e na evaporação deste.

A taxa de produção de suor durante o exercício intenso em clima quente e úmido pode chegar a 1 litro por hora (Foss e Keteyian, 2000; McArdle, Katch e Katch 1998). Todavia, Costill (1977 apud Powers e Howley, 2005), afirma que essa perda pode atingir níveis ainda mais elevados, de até 2,8 litros por hora.

Nessas condições, um indivíduo com massa corporal de 70 kg pode perder 4% de seu peso corporal em apenas 1 hora de atividade e, conforme já visto, essa perda já é suficiente para prejudicar a saúde e o desempenho.

Estudos indicam que um estado de hipo-hidratação (desidratação) pode prejudicar o desempenho nos exercícios resistidos (Judelson et al., 2007a), incluindo desempenho na força muscular, potência e resistência de alta intensidade (força de resistência) (Judelson et al., 2007b).

Os efeitos da desidratação vão além dos já citados, sendo resumidos a seguir:

- perda de água corporal;
- sede;
- cor da urina alaranjada (escura);
- diminuição do volume sanguíneo;
- aumento da viscosidade do sangue;
- aumento da frequência cardíaca;
- aumento da pressão arterial;

- diminuição da taxa de transpiração e esfriamento por evaporação;
- aumento da temperatura corporal (hipertermia);
- queda do rendimento (fraqueza, diminuição da coordenação, vertigem, cãibras etc.);
- coma e morte.

A fim de evitar tais sintomas, a prevenção à desidratação é a melhor estratégia. Tal prevenção inicia-se antes do exercício e se mantém, inclusive, no período pós-exercício.

Um consenso, com base na literatura utilizada como referência para responder a essa pergunta (citada durante o livro), estabelece as seguintes diretrizes:

Antes da atividade

- Consumir adequadamente líquidos durante as 24 horas antecedentes ao evento (exercício).
- Beber de 250 ml a 500 ml de água ou bebida com pouco carboidrato 2 horas antes do exercício (esse tempo é suficiente para total absorção e eliminação do excesso pela urina).

Durante a atividade

- Atividades com duração menor que 1 hora (ex.: musculação): beber de 100 ml a 200 ml de água a cada 10-15 minutos de atividade (600 a 1.200 ml/h), ou o quanto for tolerável em intervalos regulares.
- Atividades com mais de 1 hora de duração: consumir a mesma quantidade de água, porém, com adição de sódio (0,5 a 0,7 g/l) e carboidratos (4% a 8% = 30 a 60 g/h). Observação: algumas bebidas esportivas possuem quantidades ideais de carboidratos e eletrólitos em sua composição (isotônicas).

Após a atividade

- Beber de 1.000 ml a 1.500 ml para cada quilograma de peso corporal perdido.
- Consumir essa quantidade nas horas subsequentes à atividade.
- Consumir carboidratos ou bebidas carboidratadas durante as primeiras duas horas após a atividade (momento ótimo para absorção = janela de oportunidades).

- Em alguns casos, quando o exercício físico é prolongado em demasia e/ou realizado em clima quente e úmido, a re-hidratação torna-se mais eficiente acompanhada de reposição eletrolítica (bebida esportiva).

Cabe ainda destacar que não beber água durante o exercício com o objetivo de emagrecer (essa prática já foi bastante difundida) é algo realmente "estúpido", pois, nesse caso, a perda de peso ocorre por desidratação, o que pode causar complicações (ver item 3.5).

7.3 O uso de suplementos alimentares é recomendado na musculação? Quais são os mais indicados?

Antes de responder, apresentaremos uma definição do que é um suplemento alimentar, bem como os objetivos e as funções de sua utilização.

"Os suplementos alimentares são recursos ergogênicos nutricionais. Como o próprio nome leva a crer, são substâncias derivadas de diversos nutrientes (carboidratos, proteínas, vitaminas etc.) encontrados nos alimentos que consumimos. Nesses produtos, porém, os nutrientes se encontram isolados e em maior concentração.

As pessoas consomem suplementos com o intuito de acelerar e maximizar os efeitos do treinamento, como o aumento de massa muscular, o emagrecimento, entre outros. Atletas competitivos e praticantes recreacionais de exercícios físicos (não atletas) focam, geralmente, o aumento da *performance* esportiva e a melhora da saúde e do perfil estético, respectivamente. Para cada objetivo, o mercado dispõe de diversos suplementos específicos. Sendo assim, a suplementação não se encontra somente restrita a atletas.

Seu uso é interessante partindo da concepção de que as necessidades básicas foram ofertadas por meio da alimentação e, ainda assim, o indivíduo necessita suprir sua necessidade extra, assim como acontece quando o gasto energético diário é muito elevado em virtude da alta intensidade dos treinamentos.

Continua

Continuação

> É importante ressaltar que determinados suplementos, quando mal-administrados, em vez de proporcionarem efeitos ergogênicos, podem proporcionar efeitos ergolíticos (diminuição da *performance*, além de prejuízos à saúde). Outro ponto que deve ser levado em consideração é que o suplemento não substitui a refeição tradicional, sendo, portanto, uma alimentação balanceada, requisito fundamental para a saúde e o sucesso".

Fonte: Teixeira (2008).

FIGURA 7.3 – Suplementos alimentares.

Com relação aos possíveis efeitos dos suplementos sobre o desempenho e os resultados do treinamento de força (musculação), diversos estudos apresentam conclusões diferentes. No entanto, entre as centenas de substâncias disponíveis, as mais estudadas e que, de certa forma, podem ser consideradas saudáveis e eficientes para o desempenho e otimização dos resultados são as seguintes: carboidratos, proteínas (aminoácidos) e creatina.

Carboidratos

A via glicolítica é a segunda via metabólica de geração de energia para o exercício (ver item 4.2). Durante o treinamento de força, a participação dessa via como fonte primária de energia aumenta de acordo com o aumento do volume e densidade do treinamento (número de séries e repetições, duração do intervalo entre séries etc.).

Essa energia é provinda das reservas orgânicas de glicose, ou seja, da glicose sanguínea e do glicogênio muscular e hepático (McArdle, Katch e Katch, 1998). O carboidrato é o principal nutriente responsável pelo restabelecimento e pela manutenção dessas reservas.

Na falta de carboidratos, o organismo supre sua necessidade energética a partir de outros nutrientes. Um desses nutrientes é a proteína, encontrada nos músculos esqueléticos, e a falta de carboidratos pode gerar um processo catabólico muscular. Portanto, a ingestão adequada de carboidratos ajuda a preservar as proteínas teciduais, entre as quais, o músculo esquelético (principal objeto de desenvolvimento do praticante de musculação).

Sendo assim, pode-se concluir que o consumo de carboidratos é de fundamental importância para a *performance* e a otimização dos resultados do treinamento de força.

Quanto à sua ingestão diária recomendada para pessoas fisicamente ativas, McArdle, Katch e Katch (1998) afirmam que os carboidratos devem compor aproximadamente 60% das calorias consumidas. Segundo os mesmos autores, essa quantidade será suficiente para reabastecer os níveis de glicogênio utilizados.

Com relação específica ao treinamento de força, Haff et al. (2003), após revisão da literatura científica, sugerem que atletas submetidos a programas de musculação de alto volume devam ingerir carboidratos antes, durante e após as sessões de treinamento. Bacurau (2007) corrobora essa sugestão, afirmando que o consumo de carboidratos durante e após o exercício gera alterações hormonais benéficas para a reposição de glicogênio muscular e a promoção de outros aspectos anabólicos.

Em se tratando de praticantes de musculação não atletas, desde que saudáveis e seguindo uma alimentação adequada, recomenda-se a ingestão de carboidratos imediatamente após o treinamento, tanto para objetivos funcionais quanto morfológicos (Guedes Jr., Souza Jr. e Rocha, 2008). Nesse caso, a utilização de carboidratos líquidos ou em gel pode ser uma opção interessante, tendo em vista sua rápida absorção. Exceções são observadas em pessoas com objetivo de perda de peso e emagrecimento, para as quais o uso de suplementos com alto teor energético, como os à base de carboidrato, pode não ser interessante.

Proteínas (aminoácidos)

A proteína é um conjunto de aminoácidos ligados entre si por ligações peptídicas. Assim como o carboidrato e o lipídio, é um nutriente classificado como macronutriente, por ser uma substância essencial de que o organismo necessita diariamente, em grandes quantidades.

É classificada pelo seu valor biológico, com base na boa digestibilidade e na quantidade de aminoácidos essenciais e nitrogênio total que podem ser oferecidos ao organismo. Quanto maior essa quantidade, maior o valor biológico.

As proteínas do leite (ex.: *whey protein* – proteína do soro do leite) são as que apresentam o valor biológico mais alto (Giugliani e Victoria, 2000). Ao contrário dos carboidratos, as proteínas apresentam pequena contribuição energética para a realização do exercício, principalmente nos exercícios intensos com grandes sobrecargas (Bacurau, 2007).

Apesar disso, seu consumo tem fundamental importância para o processo de hipertrofia muscular decorrente do exercício de força (Bacurau, 2007). Essa importância não se dá durante os treinamentos, mas nos períodos de repouso, quando sua principal função é disponibilizar aminoácidos na corrente sanguínea para que sejam transportados às células musculares, com o intuito de contribuir com a recuperação (regeneração) do tecido, além da participação de alguns aminoácidos no estímulo às vias de sinalização de síntese proteica miofibrilar.

Nesse contexto, estudos indicam que o período entre 1 e 2 horas após o exercício seria ótimo para a ingestão de proteínas, pois sua síntese encontra-se aumentada nesse momento (Bacurau, 2007; Biolo et al., 1999). Se possível, deve-se ingerir a proteína em associação com carboidratos, a fim de potencializar as ações hormonais (insulina) sobre o transporte de aminoácidos (Biolo et al., 1999).

Com relação à ingestão de proteínas para pessoas engajadas em programas de musculação, em razão da grande divergência entre os estudos, é possível encontrar na literatura

Musculação: condições especiais I

recomendações que variam entre, aproximadamente, 1 e 2,5 g/kg de peso corporal por dia (g/kg/dia). Porém, com o intuito de estabelecer um consenso com base na literatura vigente, Kreider et al. (2004) recomendam valores em torno de 1,5 a 2 g/kg/dia. Valores extremamente elevados não apresentam efeitos adicionais sobre a massa muscular e composição corporal (Antonio et al., 2014). Vale ainda ressaltar que os resultados da associação de suplementos proteicos com o treinamento de força são mais pronunciados em sujeitos treinados. Indivíduos destreinados não observam efeitos adicionais provenientes da suplementação, a não ser diante de programas de treinamento mais frequentes e duradouros (Pasiakos, McLellan e Lieberman, 2015). Quanto à parcela de contribuição das proteínas no total de ingestão calórica diária, recomenda-se um consumo de aproximadamente 15% desse total (Guedes Jr., Souza Jr. e Rocha, 2008).

Creatina

A creatina é uma substância de ocorrência natural encontrada primariamente no músculo esquelético e sintetizada endogenamente por fígado, rins e pâncreas a partir dos aminoácidos glicina e arginina. Além da produção natural, também pode ser obtida via alimentação, especialmente pelo consumo de carne vermelha e peixes. A produção endógena (1 g/dia), somada à obtida na dieta (1 g/dia para uma dieta onívora) se iguala à sua taxa de degradação espontânea (Gualano et al., 2008).

Outra forma exógena para obtenção de creatina é o consumo de suplementos. Esses produtos contêm a creatina em sua forma mono-hidratada e seu consumo, associado ao treinamento resistido, pode elevar os níveis de creatina muscular (Guedes Jr., Souza Jr. e Rocha, 2008).

A creatina é uma das substâncias mais consumidas por atletas e praticantes de exercício físico (principalmente, modalidades de força) e, em consequência disso, uma das mais estudadas pela ciência do esporte.

A justificativa para esse consumo elevado encontra-se na hipótese de que o aumento da creatina intramuscular pode contribuir para a melhora da *performance* em atividades intensas e de curta duração (força, potência), bem como contribuir para o aumento da massa muscular (Rawson e Volek, 2003).

De fato, revisões da literatura comprovam tal hipótese, atribuindo à suplementação de creatina em associação à musculação efeitos como o aumento da força e potência muscular, aumento do peso corporal, aumento da massa corporal magra e melhora da *performance* em atividades anaeróbias de curta duração (Dorrell, Gee e Middleton, 2016; Rawson e Volek, 2003; Kreider, 2003; Williams e Branch, 1998).

No entanto, especula-se muito sobre os possíveis efeitos colaterais associados à suplementação de creatina, principalmente sobre a função renal. Nesse contexto, alguns trabalhos consistentes de revisão da literatura são categóricos em afirmar que não existem evidências que sustentem a hipótese que esse tipo de suplementação prejudique a função renal, quando utilizada por sujeitos saudáveis nas doses preconizadas (Dorrell, Gee e Middleton, 2016; Gualano et al., 2008; Poortmans e Francaux, 2000).

Gualano et al. (2008) ressalvam que estudos futuros devem investigar os efeitos da suplementação de creatina em diversas patologias renais, assim como em idosos, diabéticos do tipo 2 e hipertensos, cuja propensão à nefropatia é bem documentada.

Quanto à dosagem preconizada, a maioria dos estudos divide a administração da substância em dois períodos distintos, sendo este também o protocolo comumente utilizado na prática esportiva:

- *Fase de carregamento ou saturação*: 20 a 30 g/dia (0,3 g/kg) divididos em 4 doses administradas a cada 3 ou 4 horas, durante 1 a 7 dias.

- *Fase de manutenção*: 3 a 5 g/dia (0,06 a 0,09 g/kg) administrados antes ou após o treino de musculação, a partir do primeiro dia após a fase de carregamento até completar um período de, no máximo, um mês e meio a dois meses.

Estudos mais recentes têm sugerido a administração de creatina após a sessão de treino, de preferência, acompanhada de bebidas com carboidrato e proteína (Naderi et al., 2016). Cabe destacar que alguns suplementos são adicionados de substâncias proibidas (*doping*) para potencializar seus efeitos, e essas adições não constam nos rótulos. Torna-se importante conhecer a idoneidade do fabricante responsável. Consulte sempre um profissional especializado.

7.4 Quais os benefícios que a musculação (programa de exercícios físicos) pode proporcionar para pessoas fumantes?

O Colégio Americano de Medicina do Esporte (ACSM, 2006a) identifica algumas situações como fatores de risco para o desenvolvimento de doença coronariana (cardiovascular). Fatores como a herança genética, o *fumo de cigarros*, a hipertensão arterial, a dislipidemia (colesterol e triglicerídeos aumentados), a glicose sanguínea aumentada em jejum (diabetes), a obesidade e o estilo de vida sedentário (inatividade física), quando presentes, isoladamente ou em conjunto, representam um aumento na probabilidade de evento cardíaco.

Com exceção da herança genética, todos os outros fatores são modificáveis, ou seja, podem ser modificados ao longo da vida. O exercício físico regular (incluindo a musculação) exerce influência positiva sobre quase todos os fatores de risco modificáveis, excetuando-se o fumo.

Segundo dados da pesquisa Vigitel (Brasil, 2014), 10,8% da população brasileira fuma, sendo essa prevalência maior entre os homens em relação às mulheres (12,8 *vs.* 9,0%).

Os fumantes têm mais que o dobro de risco de ataque cardíaco comparado aos não fumantes. Segundo a Organização Mundial de Saúde, o tabaco mata de um terço à metade das pessoas que o consomem, e essas pessoas vivem, em média, 15 anos a menos.

Quando os indivíduos param de fumar, o risco de complicações cardiovasculares diminui rapidamente (Heyward, 2004).

Indivíduos fumantes, ao praticarem musculação, podem observar alguns benefícios clássicos proporcionados pela modalidade, como o aumento da força e massa muscular, entre outros. Esses fatores podem melhorar a qualidade de vida do fumante, no entanto, com relação aos efeitos deletérios do tabagismo, o exercício pouco ou nada pode fazer. A solução é única: *parar de fumar*. Porém, o treinamento resistido pode auxiliar no tratamento de pessoas que desejam parar de fumar. Um estudo piloto conduzido por Ciccolo et al. (2011) verificou os efeitos de um programa de treinamento resistido de 12 semanas sobre a cessação do tabagismo. Em relação ao grupo controle, os sujeitos envolvidos no treinamento resistido observaram maiores taxas de abstenção do cigarro. Embora mais estudos sejam necessários, a musculação deve ser incentivada para esse público.

Figura 7.4 – Os fumantes têm mais que o dobro de risco de ataque cardíaco comparado aos não fumantes.

Musculação: condições especiais I

7.5 A musculação é contraindicada para pessoas que possuem hérnia de disco?

Marco Antonio Ferreira Alves

A força muscular, em suas diversas manifestações, é considerada um componente da aptidão física relacionada à saúde, portanto, é uma das capacidades físicas essenciais que deve ser desenvolvida pelo treinamento (ACSM, 2007).

A musculação é um dos melhores recursos para o desenvolvimento (aumento) da força muscular, se não o melhor. Raríssimas são as situações em que a musculação é contraindicada (ver item 1.3), sendo, portanto, muito difícil encontrar publicações científicas sugerindo sua proibição. Sua indicação, no entanto, é comum e bem-respaldada cientificamente, tanto em situações de saúde quanto de doença (Graves e Franklin, 2006). Porém, em situações de doença ou distúrbios e lesões do sistema musculoesquelético, todo e qualquer caso deve ser analisado individualmente, cabendo ao profissional adaptar e limitar o treinamento de acordo com a patologia observada.

A hérnia de disco é uma patologia musculoesquelética que leva a distúrbios sensório-motores, como dor e limitação

Musculação – Perguntas e respostas

funcional, que exigirá do profissional de Educação Física conhecimento específico para a montagem do programa de treinamento de tal forma que os exercícios prescritos sejam eficazes e, principalmente, seguros. Para melhor entendimento da patologia, consideremos as Figuras 7.5 e 7.6.

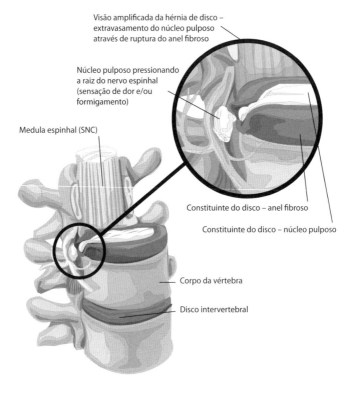

Figura 7.5 – Hérnia de disco.

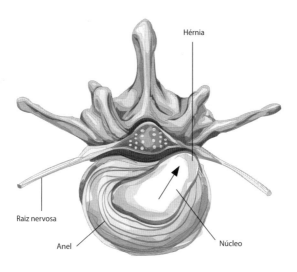

Figura 7.6 – Hérnia de disco e compressão do nervo espinhal.

A unidade funcional da coluna vertebral, ou seja, o local onde ocorrem os seus movimentos, consiste em duas vértebras adjacentes e seus tecidos moles correspondentes, como ligamentos e o disco intervertebral (Nordin e Frankel, 2003). Como visto nas Figuras 7.5 e 7.6, o disco está entre cada corpo vertebral e compõe a articulação intervertebral. Esse disco é dividido, basicamente, em duas partes: uma mais fibrosa e resistente, distribuída em camadas concêntricas de fibras constituindo a periferia do disco, denominada anel fibroso; e outra mais gelatinosa, que constitui o centro do disco, exceto na região lombar, onde é mais posterior, denominada núcleo pulposo.

A função do disco se dá na absorção e na distribuição de forças que ocorrem na coluna vertebral durante movimentos, posturas, atividades de impacto e na promoção de liberdade de movimento da coluna vertebral. Assim, esse disco tem papel fundamental na função mecânica da coluna. Durante as atividades diárias, o disco é submetido a forças que combinam compressão, tensão e torção. Flexão, extensão e flexão lateral da coluna produzem forças compressivas e de tensão no disco, e as rotações produzem forças de atrito (torção). Como qualquer outro componente articular, o disco intervertebral apresenta limites de resistência às forças a ele impostas (Nordin e Frankel, 2003). Quando os movimentos e as cargas impostas ao disco excedem sua capacidade estrutural, desencadeiam degeneração e desidratação do núcleo pulposo e predispõem, de forma geral, às discopatias. Quando a degeneração do núcleo pulposo estiver acompanhada de erosão do anel fibroso, teremos, então, a ruptura interna do disco. Se houver fissura do anel fibroso, teremos o prolapso discal, estágio em que o ligamento longitudinal posterior da coluna continua íntegro. Se houver ruptura desse ligamento e o núcleo pulposo degenerado migrar para

Musculação: condições especiais I

dentro do canal vertebral, teremos a hérnia discal extrusa (Barros Filho e Basile Jr., 1997). Em outras palavras, patologicamente a hérnia discal consiste na migração do núcleo pulposo com fragmento do anel fibroso e, eventualmente, até da cartilagem do platô vertebral para o interior do canal vertebral.

Esse núcleo pulposo que extravasa para fora do disco pode, por muitas vezes, pressionar terminações nervosas, o que gera sensação de dor, formigamento e, em muitas situações, perda da força. O comprometimento neurológico pode ocorrer pela compressão mecânica ou secundariamente, pelo processo inflamatório com edema das estruturas nervosas.

A ocorrência de hérnias de disco se dá, geralmente, nas regiões cervical e lombar. A causa principal que leva a essa discopatia são os distúrbios posturais estáticos e dinâmicos, principalmente associados às acentuações ou às atenuações das curvaturas anatomofisiológicas da coluna. Outros fatores de risco citados por Negrelli (2001) incluem fatores ambientais, desequilíbrios musculares e influência genética.

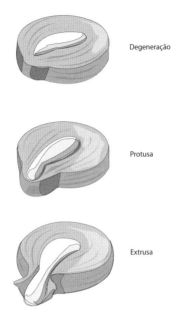

FIGURA 7.7 – Tipos de discopatias.

O tratamento da hérnia discal pode necessitar procedimento cirúrgico, porém, as intervenções conservadoras (não cirúrgicas) têm sido preferidas como a primeira opção de tratamento. Esta pode incluir o uso de fármacos (analgésicos e anti-inflamatórios), uso de órteses, acupuntura, repouso relativo e adoção de um programa de exercícios físicos adequados (Negrelli, 2001). A fisioterapia também é uma intervenção importante no processo de recuperação das pessoas com hérnia de disco, principalmente nas fases aguda e subaguda (Prentice, 2002). Para tanto, o acompanhamento de uma equipe multidisciplinar de profissionais é essencial. Fecharemos, então, nossa atenção à parte que cabe ao profissional de Educação Física, que é o exercício físico. É importante frisar que uma pessoa com hérnia de disco só deve iniciar um programa de exercícios físicos para recondicionamento físico quando houver regressão importante dos sintomas, principalmente da dor.

O exercício físico, mais especificamente a musculação, pode atuar principalmente na prevenção da hérnia de disco por intervir diretamente em dois fatores de risco citados anteriormente: desequilíbrios musculares e distúrbios posturais.

Um programa de treinamento de força adequado pode intervir de forma benéfica nos desequilíbrios musculares, e os músculos, por sua vez, podem contribuir para a melhora da postura estática e dinâmica. A força e a resistência musculares são componentes essenciais na recuperação funcional das lesões do sistema musculoesquelético, como nos casos de hérnia de disco (Mellion, 1997; Prentice, 2002). Em relação às lombalgias, 80% são secundárias à deficiência muscular. O comprometimento da força é um fator intrínseco de predisposição à lesão e distúrbios musculoesqueléticos (Pollock e Wilmore, 1993). Sendo assim, a musculação pode melhorar o padrão de controle do sistema neuro-musculoesquelético.

Simão (2007) afirma que os "problemas nas costas" podem ser minimizados com exercícios que fortaleçam os músculos abdominais e a musculatura do dorso. Os músculos paravertebrais são importantes para a estabilidade e a resistência às sobrecargas e são ativados com mais eficiência nos movimentos "mais intrínsecos" da coluna (Samuel e Barette, 1987), bem como nos exercícios realizados em bases instáveis (Behm e Colado, 2012).

A sensação de dor causada pela hérnia de disco tende a diminuir a mobilidade do local, o que faz a musculatura ficar fraca e com tendência à hipotrofia (atrofia). Isso leva a uma situação semelhante a uma "bola de neve", como exemplifica a Figura 7.8.

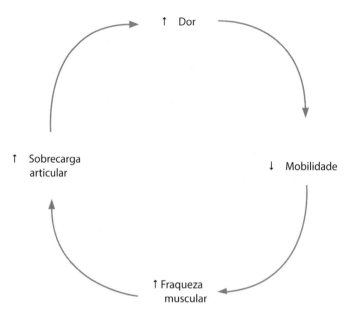

FIGURA 7.8 – Ciclo de consequências da hérnia de disco.

Estudo analisou os efeitos de um programa de fortalecimento muscular (musculação) no tratamento da hérnia de disco cervical. A intervenção consistiu em exercícios de resistência de força para a musculatura flexora lateral e extensora do pescoço associados ao alongamento da musculatura flexora. Ao final, observou-se diminuição da dor, o que possibilitou uma maior autonomia funcional das pessoas (Mussi e Almeida, 2008). Provavelmente, o fortalecimento muscular proporcionou uma diminuição da sobrecarga articular, com consequente diminuição da dor.

Outra pesquisa, conduzida por Nelson et al. (1999), avaliou se um programa de fortalecimento muscular intenso poderia evitar uma cirurgia em pacientes com hérnia de disco cervical e/ou lombar. Após o término da pesquisa, grande parte dos pacientes que foram acompanhados e que tinham a cirurgia como certa puderam evitar o procedimento cirúrgico a curto prazo, por meio do reforço muscular. Os autores, porém, reconheceram algumas falhas metodológicas no estudo, mas, apesar disso, consideraram os resultados do estudo intrigantes.

O que foi comum nesses dois estudos analisados é que os autores chegam a conclusões positivas, porém, sugerem novos estudos para aplicação desses e de outros métodos de treinamento em pessoas com patologia igual ou similar, para que se chegue a um consenso sobre um tratamento conservador ideal.

O que deve ser levado em consideração é que pessoas com hérnia de disco apresentam certas limitações, exigindo acompanhamento individualizado e especializado por parte do profissional. Uma boa alternativa, nesse caso, é o treinamento personalizado (*personal training*), o que pode minimizar a probabilidade de ocorrência de erros metodológicos no treinamento e otimizar os resultados, em razão do acompanhamento mais próximo e intensivo.

Um aspecto importante a ser considerado para a prescrição de exercícios é o conhecimento da forma como as forças atuam na coluna vertebral em razão da postura. Na posição ortostática (em pé), os músculos paravertebrais e os músculos abdominais são ativados para a estabilização do tronco. A pelve também participa dessa estabilização de tal forma que a inclinação da pelve para a frente ou para trás influencia a atividade dos músculos posturais por afetar as cargas estáticas sobre a coluna (Nordin e Frankel, 2003). Se, ao executar um exercício na posição ortostática ou sentada, a pelve é inclinada de forma acentuada para a frente (anteversão), a lordose lombar aumenta e produz maior sobrecarga na região lombar. Todavia, se a pelve é inclinada de forma também acentuada para trás (retroversão), ocorre retificação da lordose lombar com maior sobrecarga na região lombar. Exemplos de aumento da inclinação da pelve para a frente (anteversão) ocorrem em exercícios de agachamento quando o aluno exagera no deslocamento do tronco para a frente, ou em exercícios para os músculos abdominais quando o aluno, ao elevar o tronco, deixa a região lombar ficar "arqueada e sem contato" com a superfície em que o exercício está ocorrendo. Quando o aluno, porém, é solicitado a "encaixar" o quadril, pode haver retificação da lordose lombar, o que também sobrecarrega a coluna. Dessa forma, há uma posição da pelve que é chamada de neutra, ou seja, uma posição "mais natural", ligeiramente inclinada para a frente. Assim, quando prescrevemos exercícios nessas posições (ortostática ou sentada), é importante observarmos a posição da pelve e solicitarmos ao aluno que contraia os músculos abdominais e paravertebrais lombares (chamada de cocontração), da mesma forma que estabelece as rotinas do *core*, mas a pelve tem de permanecer na posição neutra.

Outro aspecto extremamente importante é a forma como a resistência do exercício é aplicada. Por exemplo, quando comparamos os exercícios elevação lateral e elevação frontal; na elevação lateral a resistência está distribuída de forma simétrica, ou seja, de cada lado da coluna vertebral, o que reduz a sobrecarga na coluna quando comparado com a elevação frontal, em que a resistência está à frente da coluna, levando à maior sobrecarga e exigindo maior atividade dos músculos estabilizadores. Outro fator é a distância da resistência ao centro de gravidade do corpo, chamada de braço de peso ou braço de resistência da alavanca. Quanto menor o braço de peso da alavanca, menor a magnitude da carga sobre a região lombar (Wilke et al., 1999). Por exemplo, sabemos que, em um exercício de desenvolvimento frontal, a resistência é maior que na elevação frontal. No entanto, no exercício de desenvolvimento, a resistência está mais próxima ao corpo e a sobrecarga na coluna é menor, quando comparada com a elevação frontal. De forma geral, exercícios como rosca direta, remada baixa no *pulley*, elevação frontal etc., por serem exercícios com resistência à frente do corpo, produzem maior carga na coluna e, obviamente, exigem maior atividade dos músculos estabilizadores da coluna. Dessa forma, não são os exercícios de primeira escolha para os alunos que apresentem discopatias e estejam em fase de recondicionamento e, quando forem prescritos, é importante que os alunos sejam observados e orientados em relação à postura não só do tronco, mas, também, da pelve, e que contraiam os músculos abdominais e paravertebrais lombares durante a realização dos exercícios. Quando forem prescritos exercícios na posição sentada, é importante lembrar que essa posição sustentada ou apoiada produz menor sobrecarga que sem suporte para o tronco (Andersson et al., 1974; Wilke et al., 1999). Durante a posição sentada sustentada, o peso também é distribuído para o encosto do banco, reduzindo a carga no segmento lombar. Também em relação ao encosto, se estiver a mais ou menos 110°, ou seja, inclinado para trás, a carga sobre o segmento lombar também diminuirá, e podemos reduzir ainda mais a carga sobre a região lombar se for colocado um suporte entre a região lombar e o encosto, para que a região lombar fique completamente apoiada nele. Esse conhecimento é extremamente importante para tornar os exercícios prescritos mais eficazes e, principalmente, mais seguros para o aluno com discopatias.

Além desses aspectos ergonômicos na prescrição de exercícios em geral, outro aspecto até mais importante é a prescrição de exercícios para fortalecimento dos músculos paravertebrais e abdominais. Classicamente, a literatura é unânime em afirmar a importância do fortalecimento dos músculos paravertebrais e abdominais, mas a questão é como proceder para que os exercícios sejam eficazes e, principalmente, seguros. Um exercício comum para os músculos paravertebrais lombares é em decúbito ventral (barriga para baixo), em que se solicita ao aluno que levante o tronco, o que produz "hiperextensão" do segmento lombar. Esse exercício pode ser eficaz, mas, em alunos com discopatias, pode não ser seguro pela carga que produz nos processos espinhais (Nordin e Frankel, 2003). Assim, é importante que seja colocado um colchonete ou algo parecido sob o abdome, de tal forma que as vértebras lombares fiquem mais paralelas, ou seja, haja uma diminuição da lordose lombar, o que mantém a eficácia do exercício, mas aumenta muito sua segurança.

Em relação aos exercícios para os músculos abdominais, quando forem em decúbito dorsal (barriga para cima), em um primeiro momento, é importante que não haja flexão do quadril, ou seja, os alunos não devem elevar o tronco como se fossem aproximar o tronco das coxas, mas devem elevar apenas a cabeça e a parte superior do tronco, tirando apenas os ombros da superfície ("enrolar" o tronco). Essa forma de executar os exercícios é importante porque minimiza a carga sobre a região lombar, tornando os exercícios mais seguros e não menos eficazes (Axler e McGill, 1997; Juker et al., 1998). Os exercícios nessa posição, em que quadris e joelhos estão flexionados e os membros inferiores são trazidos na direção do tronco, também são eficazes e seguros, sendo comum a sua prescrição para trabalhar os "abdominais inferiores", mas esse exercício ativa os oblíquos internos e externos e o reto abdominal como um todo (Axler e McGill, 1997).

Outro aspecto importante que aumenta a estabilidade mecânica da região lombar é a pressão intra-abdominal. Essa pressão dentro da região abdominal é criada por uma ação coordenada dos músculos diafragma, abdominais e músculos da pelve. Essa pressão cria um momento extensor que diminui as forças de compressão nos discos intervertebrais da região lombar (Nordin e Frankel, 2003). O músculo transverso do abdome é o principal responsável por essa ação, que cria uma coativação entre os flexores e extensores da coluna vertebral, principalmente do segmento lombar, o que converte o abdome em um cilindro rígido, que aumenta muito a estabilidade dessa região, tanto em condições estáticas, como é o caso de muitos exercícios na musculação, quanto em condições dinâmicas, como no agachamento e nos próprios exercícios para os músculos abdominais ou paravertebrais (Hodges e Gandevia, 2000). É importante salientar que essa pressão intra-abdominal com a cocontração desses músculos não tem nada a ver com a manobra de Valsalva (respiração bloqueada), que deve ser evitada durante a execução dos exercícios. Uma forma simples de aumentar a pressão intra-abdominal e, consequentemente, melhorar a estabilidade da região durante os exercícios, é associar a tentativa de encolher a barriga (*vacuum* abdominal) com a contração dos músculos do assoalho pélvico.

Outro aspecto importante nos quadros de hérnia de disco é que, como pressupõe um quadro crônico, um dos músculos que apresenta hipotrofia é o glúteo máximo (Leinonen et al., 2000), que, sabidamente, é importante para o ritmo lombopélvico, ou seja, ajuda no controle do segmento lombar, da pelve e do quadril. Assim, esse músculo deve receber, também, atenção especial. Um exercício que pode ser aplicado nessa fase de recondicionamento dos glúteos é o chamado *squeeze the glutes*, que consiste em "apertar" os glúteos.

Finalizando, outro aspecto importante é que, além do trabalho de força e de resistência muscular, o trabalho de controle motor com exercícios de equilíbrio e propriocepção é importante no contexto preventivo e, principalmente, no processo de recuperação e de manutenção da estabilidade da coluna vertebral (Greene et al., 2001). Dessa forma, são importantes os exercícios sobre superfícies instáveis com apoio bipodal (2 pés) e unipodal (1 pé), ou mesmo sentado, sem utilização de carga ou resistência.

7.6 Hipertensos podem fazer musculação?

A hipertensão arterial sistêmica (HAS) é uma doença caracterizada pela elevação crônica e sustentada dos valores de pressão arterial de repouso (Silveira, Nagem e Mendes, 2007). É definida, clinicamente, como uma elevação na pressão arterial (PA) igual ou superior a 140 mmHg e/ou

90 mmHg nas pressões sistólica e diastólica, respectivamente (ACSM, 2007).

Esse tipo de manifestação orgânica incidiu de maneira crescente em âmbito mundial nas últimas décadas, apresentando um aumento acentuado em relação a outras enfermidades, de tal forma que já representa um dos maiores problemas de saúde pública da atualidade (Gandarillas et al., 2005 apud Silveira, Nagem e Mendes, 2007).

A HAS é uma doença incurável, sendo a forma mais prevalente entre as demais desordens cardiovasculares, acometendo aproximadamente 30% da população brasileira (Malachias et al., 2016). Apesar de não ter cura, é possível controlá-la por meio do uso de fármacos e adquirindo hábitos de vida saudáveis.

Algumas situações são consideradas como fatores de risco para o seu desenvolvimento. Entre elas, podemos citar o avanço da idade, o sexo masculino, a etnia negra, o consumo excessivo de sal e álcool, o sedentarismo e a obesidade.

Como o exercício físico tem relação direta e inversa com os dois últimos fatores supracitados, a atividade física regular é uma das principais recomendações tanto para a prevenção primária quanto para o tratamento da HAS (ACSM, 2007; Silveira, Nagem e Mendes, 2007; Malachias et al., 2016).

Com relação ao tipo de exercício recomendado, o ACSM (2007) afirma que a modalidade primária deve consistir em atividades aeróbias realizadas com os grandes grupos musculares. Essa recomendação se baseia na grande quantidade de estudos que reportam efeitos positivos sobre a pressão arterial de pessoas com HAS quando submetidas a programas de treinamento aeróbio. Estudos recentes têm sugerido que o exercício cíclico realizado em intervalos de alta intensidade (treinamento intervalado de alta intensidade – HIIT) se apresenta como uma opção mais interessante que o aeróbio contínuo para o controle da pressão arterial (Ciolac, 2012). Porém, a quantidade de estudos envolvendo HIIT e hipertensos ainda é pequena e, caso se opte pela sua prática, um acompanhamento profissional especializado é necessário para garantir a segurança nas intervenções.

Quanto à prática da musculação, apesar do crescimento expressivo na quantidade e qualidade das pesquisas, esta ainda não é apontada como modalidade primária nas principais diretrizes de exercícios físicos para população hipertensa (Pescatello et al., 2005; Malachias et al., 2016); no entanto, deve ser combinada com o treinamento aeróbio (ACSM, 2004, 2007; Pescatello, 2005).

Os exercícios de musculação provocam um aumento agudo da PA, porém, esse aumento parece estar mais relacionado com a intensidade do exercício que com o seu tipo (musculação ou aeróbio) (Polito e Farinatti, 2003).

Apesar de poderem induzir tais aumentos agudos importantes na PA (durante o treinamento), o duplo-produto gerado pelos exercícios resistidos parece ser menor que nos exercícios aeróbios, em razão do curto tempo de exposição ao esforço (Polito e Farinatti, 2003; Teixeira e Guedes Jr., 2016b).[2] Isso assegura sua aplicabilidade.

Com relação aos efeitos imediatos pós-exercício, Polito e Farinatti (2006), após revisão sistemática da literatura específica, afirmam ser possível verificar hipotensão pós-exercício contrarresistência, tanto em pessoas normotensas quanto hipertensas.

Já em relação ao efeito crônico (exposição em longo prazo), os exercícios resistidos podem provocar um efeito hipotensor (diminuição da PA), sendo este maior após os exercícios de menor intensidade (resistência de força) (Forjaz et al., 2003; Brum et al., 2004).

---

[2] O duplo-produto é uma medida utilizada para verificar a sobrecarga no sistema cardiovascular durante o exercício. Dá-se pela multiplicação dos valores da pressão arterial sistólica e da frequência cardíaca ($DP = PAS \times FC$).

Mello e Ximenes (2002), em sua revisão, corroborando a ideia supracitada, afirmam que o treinamento resistido crônico tem mostrado que baixa a PA em homens jovens normotensos, adultos de meia-idade, adultos hipertensos limítrofes e adolescentes hipertensos.

Já Terra, Mota e Rabelo (2008) observaram diminuição da pressão arterial sistólica, pressão arterial média e duplo produto em repouso, após 12 semanas de treinamento resistido em idosas hipertensas controladas com medicação anti-hipertensiva.

O ACSM (2004) afirma que o treinamento resistido, seguido de acordo com as recomendações da própria entidade, reduz a pressão arterial em normotensos e hipertensos adultos, sendo esta uma evidência de categoria B.[3] Mais recentemente, uma meta-análise de 64 estudos controlados, com o objetivo de verificar a eficácia do treinamento resistido dinâmico como terapia anti-hipertensiva em diferentes populações com diferentes níveis de pressão arterial de repouso, concluiu que, em sujeitos hipertensos, o treinamento resistido dinâmico pode reduzir a pressão arterial em níveis com-

---

[3] Evidência científica de categoria B: poucos ensaios randomizados e controlados de pequena dimensão e resultados inconsistentes. As categorias para classificação das evidências vão de A a D, diminuindo o nível de significância nessa mesma ordem (ACSM, 2004).

paráveis, ou maiores, aos observados no treinamento aeróbio, sobretudo em sujeitos hipertensos não brancos (MacDonald et al., 2016). Assim, a musculação, seguindo as recomendações de volume, intensidade e frequência semanal de treinamento específicas para esse público, pode ser uma atividade alternativa segura e eficaz para auxiliar no tratamento da hipertensão.

As recomendações para elaboração de programas de musculação para pessoas hipertensas, segundo o ACSM (1998), preconizam a realização de uma série de 8 a 10 exercícios para os grandes grupos musculares, 2 a 3 dias por semana. O número de repetições para cada exercício deve ficar em torno de 8 a 12.

Com o intuito de facilitar a prescrição, Guedes Jr., Souza Jr. e Rocha (2008) estabelecem as seguintes diretrizes:

- *exercícios*: de 8 a 10 exercícios multiarticulares para os maiores grupos musculares;
- *repetições*: de 8 a 15 repetições corretas, executadas com velocidade constante; interromper quando a velocidade diminuir;
- evitar a falha concêntrica;
- *séries*: de 1 a 3;
- *intervalo entre séries*: de 2 a 3 minutos (mais, se necessário);

- *frequência semanal*: de 2 a 5 vezes;
- evitar a realização da manobra de Valsalva, utilizando, preferencialmente, a respiração passiva (ver item 1.5);
- não treinar caso a PA sistólica ou diastólica esteja maior que 160 mmHg e 105 mmHg, respectivamente (em repouso);
- interromper o treinamento caso a PA sistólica ou diastólica esteja maior que 180 mmHg e 110 mmHg, respectivamente.

8 Musculação
Condições especiais II (idosos)

8.1 A musculação pode evitar ou tratar a osteoporose?

Segundo definição adotada pelo ACSM (2007), a osteoporose é uma doença esquelética sistêmica caracterizada por uma baixa massa óssea e deterioração na microarquitetura do tecido ósseo com consequente aumento na fragilidade esquelética, predispondo, facilmente, a fraturas. Na presença da doença, nota-se tanto uma redução na densidade mineral óssea (DMO) quanto na qualidade do osso.

A osteoporose é sempre precedida por uma situação denominada osteopenia, que é uma modesta perda de massa óssea (Guedes Jr., Souza Jr. e Rocha, 2008).

Os fatores de risco para o desenvolvimento da osteoporose são herança genética, sexo feminino, deficiência de hormônios estrógenos, baixo peso, fatores dietéticos, uso prolongado de corticosteroides, fumo e sedentarismo (inatividade física).

Pela soma de alguns desses fatores, as mulheres no período pós--menopausa apresentam um risco maior para o desenvolvimento da doença (Bemben e Fetters, 2000).

A massa óssea atingida no início da vida (infância e adolescência) é, talvez, o determinante mais importante na saúde esquelética ao longo da vida (Hellekson, 2002 apud ACSM, 2007).

Estudo conduzido por Yu et al. (2005) observou aumento no conteúdo mineral ósseo de crianças (média de idade próxima de 10 anos, estágios 1 e 2 da escala de Tanner) obesas e com excesso de peso submetidas a um programa de treinamento de força, com duração de 6 semanas, associado a uma dieta controlada.

Na fase adulta, o exercício preserva e até mesmo aumenta moderadamente a DMO e contribui, também, para minimizar a perda óssea relacionada ao avanço da idade ou no processo de envelhecimento (ACSM, 2007). No entanto, o exercício resistido parece ser mais eficaz que os demais para essa finalidade. Balsamo e Simão (2005) afirmam que a maioria dos trabalhos científicos observados em sua obra demonstra uma relação positiva entre a prática da musculação com alta intensidade e a melhora da DMO. Essa correlação se mantém ainda mais alta quando as pessoas que praticam musculação

Musculação: condições especiais II (idosos)

são comparadas a grupos controle ou a pessoas que praticam outros esportes.

Rhodes et al. (2000) observaram em mulheres idosas saudáveis, após período de um ano de treinamento de força, aumento significativo na força nos exercícios supino, *leg press* e rosca direta e uma correlação positiva entre aumento da força e DMO, ou seja, o aumento da força foi paralelo às alterações positivas no tecido ósseo. Corroborando o achado, Jovine et al. (2006), após revisão de literatura, concluíram que o treinamento resistido mostra-se capaz de prover estímulos para aumentar a força muscular e a formação óssea, influenciando os fatores de risco relacionados com osteoporose e quedas seguidas de fratura em mulheres no estágio de vida após a menopausa.

Quanto às recomendações de treinamento, a alta intensidade é fator fundamental, cabendo lembrar que tem relação com a carga utilizada. Bemben e Fetters (2000) sugerem que um número menor de repetições (próximo de 8), realizadas com altas cargas (80% 1 RM), sejam preferidas quando comparadas ao trabalho com baixas cargas e alto número de repetições.

Sendo assim, pode-se concluir que o treinamento de força de alta intensidade mostra-se como uma opção interessante e eficaz no tratamento não farmacológico da perda óssea ocorrida no envelhecimento, sendo evidenciado em mulheres após a menopausa (Martyn-St James e Carrol, 2006). Vale lembrar que os estudos que observaram efeitos positivos no tecido ósseo utilizaram períodos de treinamento longos, sendo, portanto, um médio-longo prazo (1 a 2 anos) necessário para obtenção de resultados significativos.

Alguns estudos sugerem que o treinamento de força em alta velocidade (treinamento de potência) possa promover maiores benefícios para o tecido ósseo quando comparado a protocolos de treinamento que utilizam velocidade de execução tradicional ou mais lenta (Stengel et al., 2005, 2007). Entretanto, é importante ressaltar que a velocidade de execução adotada como tradicional em alguns estudos (4 segundos para cada fase, concêntrica e excêntrica) foi mais lenta que aquela observada usualmente nas academias (1-2 segundos para cada fase).

Robling, Castilho e Turner (2006), em artigo de revisão, enfatizam que, mais importante que as cargas elevadas, é a regularidade de estímulos que promove o efeito positivo do treinamento na massa óssea, sugerindo não haver necessidade de treinar com cargas muito elevadas, especialmente em sujeitos com restrições articulares.

Conclui-se então, que, independentemente da velocidade de execução e das cargas utilizadas, excetuando-se um trabalho muito lento ou com peso muito leve, os exercícios resistidos devem ser a atividade preferida em caso de osteopenia ou osteoporose. A Figura 8.1 ilustra as atividades indicadas para indivíduos com osteoporose, e a ordem preferencial das atividades vai da base para o ápice da pirâmide, fundamentado nos estímulos osteogênicos proporcionados por elas.

Figura 8.1   Pirâmide de atividades sugeridas para pessoas com osteoporose.
Fonte: Adaptada de Balsamo e Simão (2005).

Com relação à seleção de exercícios na musculação, esta deve considerar os sítios em que há redução da DMO. Os sítios mais comuns são cabeça e colo do fêmur, coluna lombar e rádio (Balsamo e Simão, 2005). Considerando a necessidade de se aplicar cargas longitudinais e transversais ao osso, seguem alguns exemplos de exercícios sugeridos para cada sítio:

- cabeça e colo do fêmur: agachamentos, *deadlifts*, flexão, adução e abdução dos quadris;
- coluna lombar: agachamentos, *deadlifts*, flexão dos quadris, extensão lombar;
- rádio: desvio radial, supinos, desenvolvimentos.

8.2 Quais os benefícios da prática da musculação na terceira idade?

Para Singer (1977), o envelhecimento é a consequência de alterações que os indivíduos demonstram, de forma característica, com o progresso do tempo, desde a idade adulta até o fim da vida.

Com o envelhecimento, a tendência é que as pessoas se tornem cada vez menos ativas, com base na ideia equivocada de que o exercício (esforço) é uma tarefa apenas para jovens. Com relação à musculação, essa ideia é ainda pior. Embora já se tenha um grande acervo de informações sobre a efetividade da musculação para o sujeito idoso e elas sejam facilmente acessíveis, é comum observar idosos que possuem aversão à musculação.

Todavia, Craig (2007), com o intuito de proporcionar uma revisão de conceitos no público idoso, cita:

> Por que alguém consideraria o levantamento de pesos ou a resistência do aparelho de musculação uma tarefa árdua? Você precisa experimentar para entender. Há um prazer e uma intensidade no levantamento de peso: seus músculos sentem-se imediatamente aquecidos e vivos.

Sendo assim, indivíduos da terceira idade devem driblar os preconceitos que os afastam da musculação, e a melhor forma de fazer isso é por meio da disseminação de informação de qualidade.

O termo *terceira idade* é popularmente utilizado para referenciar pessoas idosas ou "velhas". De acordo com Guedes Jr., Souza Jr. e Rocha (2008), tal termo transmite a ideia de que existe uma primeira e uma segunda idade, mesmo não sendo nomenclaturas usuais. Essas idades representam as fases que os seres humanos atravessam durante a vida.

A primeira idade caracteriza-se pela fase de desenvolvimento geral do organismo (infância e adolescência). Já a segunda idade (idade adulta) caracteriza-se pela tendência à manutenção dos níveis de desenvolvimento atingidos. A partir do momento em que começam a se acentuar os declínios provindos de processos degenerativos, instala-se a terceira idade (envelhecimento). O Gráfico 8.1 exemplifica a ideia.

Gráfico 8.1 – Variação da aptidão física (capacidades fisiológicas) no decorrer da idade

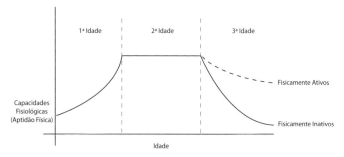

Segundo a Organização Mundial de Saúde (OMS, 2003), são consideradas idosas pessoas a partir de 60 anos de idade em países em desenvolvimento e 65 anos em países desenvolvidos. No entanto, o Colégio Americano de Medicina do Esporte (ACSM, 2007) considera que não é sensato definir o envelhecimento por qualquer idade cronológica, porque ele se manifesta de forma diferente na população e depende de fatores genéticos, além do estilo de vida.

Um estilo de vida saudável, por exemplo, durante as idades antecedentes (principalmente durante a segunda idade), incluindo a prática regular de atividade física, alimentação adequada e descanso, tende a retardar a chegada da terceira idade (Guedes Jr., Souza Jr. e Rocha, 2008).

Mesmo assim, o envelhecimento é inevitável assim como, em decorrência disso, suas consequências. No entanto, a manutenção do estilo de vida saudável tende a minimizar seus efeitos deletérios, conforme afirmação de Cançado e Horta (apud Balsamo e Simão, 2005, p. 151):

> Os decréscimos do processo intrínseco de envelhecimento podem ser menores do que anteriormente reconhecidos, quando influenciados por hábitos pessoais como dieta, exercício, exposições ambientais e constituição física.

As recomendações de atividade física durante o envelhecimento são semelhantes àquelas preconizadas para adultos saudáveis (ver item 2.1), incluindo exercícios que contemplem a capacidade cardiorrespiratória, a flexibilidade e a força em suas diversas manifestações (ACSM, 2007). Trabalhos de equilíbrio também devem ser enfatizados, tendo em vista a diminuição dessa capacidade com o envelhecimento (SBME e SBGG, 1999).

O treinamento de força, no público idoso, tem se mostrado um meio eficiente para promover melhora de muitas das capacidades citadas, incluindo aumento da força, da flexibilidade e da tolerância à fadiga (capacidade aeróbia (Dias, Gurjão e Marucci, 2006). Esses benefícios repercutem de maneira positiva na autonomia funcional, melhorando o desempenho nas atividades cotidianas (Vale et al., 2006; Lima, Oliveira e Silva, 2006; Dias, Gurjão e Marucci, 2006).

Além das alterações positivas citadas, um programa de atividade física orientada pode promover diversos benefícios em qualquer faixa etária, em especial no idoso, conforme resumo a seguir (SBME e SBGG, 1999):

- aumento do VO_2 máx (capacidade cardiorrespiratória);
- maiores benefícios circulatórios periféricos;
- aumento da massa muscular;
- melhor controle da glicemia;
- melhora do perfil lipídico (colesterol e triglicerídeos);
- redução do peso corporal;
- melhor controle da pressão arterial de repouso;
- melhora da função pulmonar;
- melhora do equilíbrio e da marcha;
- menor dependência para realização de atividades diárias;

- melhora da autoestima e da autoconfiança;
- significativa melhora da qualidade de vida.

As recomendações para o treinamento de força para idosos, resumidas após análise da literatura (ACSM, 2007; SBME e SBGG, 1999), incluem uma frequência de duas a três vezes na semana, 8 a 10 exercícios para os principais grupos musculares, 1 a 3 séries de 6 a 15 repetições com cargas a partir de 60% da carga máxima voluntária, ou 8-12 RM. Mais recentemente, os resultados de uma meta-análise (Borde, Hortobágyi e Granacher, 2015) revelaram que os resultados provenientes do treinamento de força em idosos podem ser mais pronunciados se as variáveis forem manipuladas como abaixo:

- Força muscular: intensidade de 70%-79% 1 RM, 2-3 séries por exercício, 7-9 repetições por série, tempo sob tensão de 6 s por repetição, 4 s de intervalo entre repetições, 60 s de intervalo entre séries, frequência de 2-3 vezes por semana.

- Hipertrofia muscular: intensidade de 51%-69% 1 RM, 2-3 séries por exercício, 7 a 9 repetições por série, tempo sob tensão de 6 s por repetição, 2,5 s de intervalo entre repetições, 120 s de intervalo entre séries, frequência de 3 vezes por semana.

Ainda com relação aos idosos, algumas particularidades devem ser cuidadosamente observadas, tais como (SBME e SBGG, 1999):

- realizar exercício somente quando houver bem-estar físico;
- usar vestimentas adequadas;
- evitar o fumo e o uso de sedativos;
- não se exercitar em jejum; dar preferência ao consumo de carboidratos antes e após o exercício;
- evitar respiração bloqueada (manobra de Valsalva);
- respeitar os limites individuais, interrompendo na manifestação de dor ou desconforto;
- evitar extremos de temperatura e umidade;
- iniciar a atividade de forma lenta e com intensidade gradativa para permitir adaptação;
- hidratação adequada antes, durante a realização e depois da atividade física.

Ainda assim, qualquer prescrição de treinamento deve ser feita somente após criteriosa avaliação médica e física (ver pergunta 2.2), com o intuito de evitar complicações secundárias (Dias, Gurjão e Marucci, 2006).

9 Musculação
Condições especiais III (mulheres)

9.1 A prática da musculação pode contribuir para o aparecimento ou o aumento das varizes?

Varizes é o termo popularmente conhecido para se referir a um tipo de doença vascular periférica (DVP) caracterizada por uma insuficiência venosa crônica nos membros inferiores. Cossenza (1992) define varizes como uma "dilatação irregular e permanente do conduto venoso com divertículos unilaterais em fundos de saco". Em outras palavras, varizes são irregularidades que ocorrem nas veias, mais especificamente em suas válvulas de controle de direcionamento do fluxo sanguíneo, que dificultam o retorno do sangue ao coração, fazendo que o sangue se acumule (refluxo) nos vasos, gerando microprotuberâncias, com possível ocorrência de rompimento ou necrose do tecido.

Esse tipo de doença ocorre, principalmente, em mulheres, sendo o sexo feminino um dos fatores predeterminantes para o seu desenvolvimento. Entretanto, outros fatores de risco podem, independentemente ou somados a esse, aumentar a probabilidade de sua ocorrência. Guedes Jr. (2007a) cita alguns desses fatores determinantes:

- fragilidade capilar e debilidade do sistema de válvulas;
- períodos prolongados de manutenção de posturas estáticas, como em pé ou sentado;
- influências hormonais durante a gravidez;
- abertura da comunicação arteriovenosa;
- excesso de peso e obesidade;
- inatividade física ou sedentarismo;
- padrão inadequado de ativação de alguns músculos dos membros inferiores.

Sabe-se também que o avanço da idade, bem como a predominância de um estilo de vida que associe inatividade física, estresse emocional, fumo e alimentação inadequada, é acompanhado pelo aumento das doenças cardiovasculares em geral (Silva e Nahas, 2002).

Os exercícios físicos mostram-se eficientes no combate a diversos desses fatores citados, sendo, portanto, favoráveis na prevenção e no tratamento das veias varicosas. O benefício proporcionado diretamente pelo exercício se dá pelo estímulo ao retorno venoso proporcionado pela contração do músculo esquelético, ou seja, a contração auxilia o retorno do sangue pela circulação adjacente à veia afetada (Guedes Jr., 2007a), além dos demais benefícios já conhecidos sobre a saúde cardiovascular e geral.

As veias da panturrilha, por exemplo, em associação com os tecidos circundantes, formam uma unidade funcional conhecida como bomba muscular ou coração periférico, atuando na drenagem do sangue venoso durante o exercício (França e Tavares, 2003). Em razão disso, o gastrocnêmio, músculo da panturrilha, é chamado por muitos de *segundo coração*.

Sacchi (2004) afirma que a atividade contrátil da panturrilha desempenha duas funções vitais durante o exercício: assegurar o retorno venoso dos membros inferiores e reduzir a pressão venosa superficial, eliminando o efeito prejudicial da pressão ortostática.

A musculação, portanto, parece ser uma atividade bastante favorável, em razão do estímulo proporcionado pelas contrações musculares que auxiliam o retorno venoso. Os resultados dos estudos de Teixeira (2013) confirmam essa ideia. Após analisar relatos de experiências de 45 mulheres com varizes em membros inferiores e praticantes de musculação, os autores observaram que 35,7% da amostra relatou melhora no quadro da doença com a prática da musculação, enquanto 50% não observou influência. Os resultados sugerem que a musculação é percebida como benéfica e, nas situações em que não beneficiou, também não agravou o quadro da doença.

Mais recentemente, Kravtsov et al. (2016) investigaram os efeitos de um programa de exercícios de fortalecimento para os músculos posteriores da perna sobre diversas variáveis de 22 pacientes com varizes nos membros inferiores. Após 2 meses, os resultados revelaram diminuição no perímetro maleolar, melhora da qualidade de vida avaliada por questionário específico, normalização da frequência e amplitude do sinal eletromiográfico do sóleo e melhora do fluxo sanguíneo na direção proximal (retorno venoso).

No entanto, é importante ressaltar que a utilização de cargas próximas da máxima tende a aumentar o componente isométrico e a ocorrência de bloqueio respiratório, situações que não são interessantes para pessoas com varizes (Guedes Jr., 2007a; Cossenza, 1992).

Portanto, a utilização de cargas moderadas parece ser a mais eficiente, e a pessoa deve ser orientada a respirar continuamente durante a execução do exercício e, de preferência, utilizar a respiração passiva (expirar na fase concêntrica e inspirar na fase excêntrica).

As pessoas com varizes devem ser orientadas quanto à postura corporal durante as atividades laborativas e do cotidiano, evitando a manutenção de uma determinada postura durante períodos prolongados. A mesma estratégia deve ser adotada durante a execução dos exercícios, utilizando exercícios que diversifiquem as posturas em pé, sentado, deitado etc. (Guedes Jr., 2007a; Cossenza, 1992).

9.2 A musculação deixa as mulheres com aparência masculinizada?

Os benefícios gerais proporcionados pelo treinamento de força são semelhantes, ou até maiores, nas mulheres em relação aos homens (Fleck e Kraemer, 2006; Simão, 2004; Badillo e Ayestarán, 2001). No aspecto neuromuscular, as respostas relacionadas à força, apesar de maiores nos homens quando analisadas de maneira absoluta (quantidade de peso levantado), especialmente nos membros superiores, parecem ser semelhantes entre os sexos quando analisadas de maneira relativa (percentual) (Gentil et al., 2016).

O aumento da massa muscular, porém, parece não ocorrer de forma tão acentuada nas mulheres, o que se deve a alguns fatores, dentre os quais, quantidade de hormônios circulantes e composição das fibras musculares.

O principal hormônio responsável pelo aumento da massa muscular em níveis elevados, além do desenvolvimento das características sexuais secundárias masculinas (aparência masculina), ou seja, engrossamento da voz, crescimento de barba e pelos no corpo, entre outros, é a *testosterona*.

A testosterona é um hormônio esteroide (éster = gordura) que, por atuar tanto como formador de tecido quanto promotor das características masculinas, é conhecida por seu efeito anabolizante-androgênico.

Por natureza, homens apresentam concentração sérica de testosterona, em média, dez vezes maior que as mulheres (Guedes Jr., Souza Jr. e Rocha, 2008). Durante o exercício, essa diferença aumenta ainda mais.

Com relação aos tipos de fibras musculares, é de conhecimento científico que as fibras musculares do tipo II são as que mais hipertrofiam (item 4.8). No entanto, homens e mulheres diferem na proporção de tipos de fibras musculares, e mulheres levam grande desvantagem nesse aspecto, apresentando mais (Hostler et al., 2001 apud Salvador et al., 2005) e maiores fibras (Hostler et al., 2001 apud

Zatsiorsky e Kraemer, 2008) do tipo I, quando comparadas aos homens, fato que desfavorece a hipertrofia.

Sendo assim, por esses fatores, mulheres raramente atingirão níveis de hipertrofia muscular comparáveis aos dos homens.

Contudo, mesmo com todas as observações expostas, algumas mulheres podem atingir um desenvolvimento (hipertrofia) muscular próximo ao atingido por homens. Esse desenvolvimento superior ao da maioria das mulheres se deve aos seguintes fatores (Fleck e Kraemer, 2006; Zatsiorsky e Kraemer, 2008):

- níveis de testosterona, GH ou outros hormônios anabólicos acima do normal;
- resposta hormonal ao exercício com peso acima dos padrões considerados normais;
- relação estrógeno-testosterona (E/T) abaixo do normal;
- fatores genéticos que predisponham a uma maior massa muscular;
- capacidade fisiológica de realizar treinamento de maior intensidade.

Ainda segundo Guedes Jr., Souza Jr. e Rocha (2008), outro fator que deve ser destacado é a utilização de recursos farmacológicos – ou as populares *bombas* – que imitam os efeitos dos hormônios anabolizantes endógenos.

Portanto, a "masculinização" de uma mulher só se tornará possível combinando fatores como *predisposição genética* e *vontade própria* (uso de farmacológicos), e esta não é a realidade da maioria das mulheres.

Um estudo de revisão clássico intitulado *Treinamento de força para mulheres: desbancando os mitos que bloqueiam oportunidades* (tradução de *Strength training for women: debunking myths that block opportunity*), com o intuito de esclarecer algumas inverdades que afastam as mulheres das salas de musculação, redige o seguinte trecho traduzido (Ebben e Jensen, 1998):

> *Mito 1: o treinamento de força faz que mulheres fiquem maiores e mais pesadas.* A verdade é que o treinamento de força ajuda a reduzir a gordura corporal e aumenta o peso magro. Essas mudanças podem resultar em um ligeiro aumento do peso total, já que a massa corporal magra pesa mais que a gordura. Entretanto, o treinamento de força resulta em aumentos significativos de força, aumento muito pequeno das medidas da parte superior

e nenhuma alteração ou decréscimo de medidas na parte inferior do corpo. Apenas mulheres com predisposição genética à hipertrofia e que realizam um treinamento de grande volume e intensidade perceberão aumentos substanciais na circunferência dos membros.

Como dito, o músculo pesa mais que a gordura quando se leva em consideração o volume ocupado. Analogamente, é como ocupar dois volumes idênticos, um com algodão e outro com chumbo. Apesar de ocuparem volumes iguais, o volume ocupado pelo chumbo é mais pesado. Portanto, com a "substituição" de tecido adiposo por massa muscular, apesar de supostamente ocorrer elevação do peso corporal total, pode-se observar redução de medidas, tanto no tronco quanto nos membros.

Vale lembrar, também, que certo nível de desenvolvimento muscular é requisito necessário para atender aos padrões atuais de estética, que exigem corpos definidos, com baixo percentual de gordura e musculatura aparente (Guedes Jr., Souza Jr. e Rocha, 2008; Guedes Jr., 2007b). Sendo assim, o treinamento para hipertrofia muscular deve ser enfatizado para aquelas mulheres que tenham a estética como objetivo principal, ou seja, a maioria.

Na musculação, os meios e os métodos de treinamento são os mesmos, tanto para homens quanto para mulheres, cabendo ao profissional do exercício adequá-los de acordo com as preferências e necessidades que diferem entre os sexos. Desse modo, todos ficam satisfeitos com o treinamento.

9.3 As fases do ciclo menstrual influenciam no desempenho na musculação?

A prescrição de exercícios físicos para o público feminino, dentre os quais, a musculação, deve respeitar algumas particularidades do gênero.

Uma dessas particularidades é o ciclo menstrual. Muitas mulheres sofrem por apresentar alguns distúrbios relacionados à menstruação. Os distúrbios mais comuns apresentados por mulheres e que, de certa forma, podem interferir no desempenho esportivo são a tensão pré-menstrual (TPM) e a dismenorreia.

A TPM é considerada uma patologia muito comum em ginecologia, acometendo, em menor ou maior grau, uma em cada duas mulheres. Caracteriza-se por um conjunto de sintomas e sinais durante a fase lútea (pré-menstrual), que, de forma direta, influencia no estado de humor da mulher acometida (Bedone, Maia e Monteiro, 1995). Já a dismenorreia caracteriza-se pela presença de desconfortos e dores abdominais (cólicas) no período pré-menstrual e durante a menstruação (Guedes Jr., Souza Jr. e Rocha, 2008). Vale ressaltar que esses não são os únicos distúrbios menstruais existentes, mas são aqueles que parecem exercer influência direta sobre o desempenho.

O exercício físico é sugerido como uma das intervenções a serem exploradas no tratamento da síndrome pré-menstrual (Rapkin, 2003), porém, entre atletas de alto nível, a prevalência de sintomas pré-menstruais é elevada (Gaion e Vieira, 2010), sugerindo que a dose de exercício físico deve ser moderada para que os efeitos benéficos sejam observados.

Quanto ao rendimento esportivo nas diversas fases do ciclo menstrual, alguns estudos apresentam resultados conflitantes entre si. Machado, Silva e Guanabarino (2002), ao avaliarem a força muscular de mulheres nos períodos menstrual e pós-menstrual, observaram um desempenho maior da força máxima no período menstrual, porém, não apresentando diferença estatística quando comparada ao desempenho no 15° dia após a menstruação. Quanto à força de resistência, os autores observaram melhor desempenho no período menstrual.

Silva et al. (2003), em seu estudo que comparou o desempenho no teste de 1 RM entre os períodos pré e pós-menstrual, observaram melhor *performance* neste último.

Já Dibrezzo, Fort e Brown (1988), após investigação dos efeitos de três fases do ciclo menstrual (24 horas após a menstruação, no período de ovulação e na fase lútea) no desempenho da força dinâmica de flexores e extensores do joelho em mulheres ativas que tinham ciclo menstrual normal, não observaram diferença de *performance* entre as fases.

Em termos gerais, observaram-se desempenhos vencedores de medalhas olímpicas em todas as fases do ciclo menstrual (Zatsiorsky e Kraemer, 2008; Fleck e Kraemer, 1997 apud Guedes Jr., Souza Jr. e Rocha, 2008), inclusive recordes mundiais (Costill e Saltin, 1974 apud Powers e Howley, 2005).

Sendo assim, a influência do ciclo menstrual no rendimento físico ainda não está bem documentada e parece ser bastante individual (Zatsiorsky e Kraemer, 2008).

O contato direto entre professor e aluna (treinador e atleta) proporcionaria, então, conhecimento necessário a ponto de ser o melhor indicativo de alterações no rendimento, o que, de fato, possibilitaria a montagem de um programa de treinamento que respeitasse a individualidade biológica da mulher em questão.

Em caso de ocorrência das irregularidades citadas no decorrer do livro (TPM e dismenorreia), o professor deveria programar os treinamentos mais intensos para a fase pós-menstrual, deixando os treinos regenerativos ou até mesmo o descanso durante os períodos pré-menstrual e menstrual, se necessário (Guedes Jr., Souza Jr. e Rocha, 2008).

9.4 É possível praticar musculação durante a gravidez?

Antes de qualquer consideração com relação à atividade física durante a gestação, é importante destacar que a gravidez não é uma patologia e, portanto, não deve ser encarada como tal. No entanto, não é por esse motivo que cuidados especiais devem ser deixados de lado.

Segundo a SBME (2000), historicamente, as recomendações de exercícios físicos durante a gestação variaram muito de acordo com os contextos socioculturais e conceitos científicos vigentes em cada época, havendo períodos em que a atividade física era contraindicada.

Atualmente, recomenda-se que as mulheres grávidas sejam encorajadas a participar de programas de atividades físicas consistentes e de intensidade moderada, a fim de usufruírem os benefícios relacionados à saúde associados ao exercício (ACSM, 2007).

Entre esses benefícios, destacam-se: diminuição de sintomas gravídicos, melhor controle da fome, diminuição da tensão no parto, recuperação pós-parto mais rápida, prevenção de lombalgias, volta mais rápida ao peso, menores intervenções do obstetra, menor ganho de peso durante a gestação, controle da incontinência urinária, maior disposição para as atividades diárias e de trabalho (Guedes Jr., Souza Jr. e Rocha, 2008; Nascimento, Surita e Cecatti, 2012).

Com relação ao treinamento resistido (musculação), Ploutz-Snyder (2006) afirma que o desenvolvimento da força muscular, bem como da flexibilidade, podem ajudar a compensar as alterações biomecânicas progressivas que ocorrem durante a gravidez, especificamente aquelas relacionadas à fraqueza da musculatura abdominal e às lombalgias. Essa situação, geralmente, acompanha a hipercifose torácica e a hiperlordose lombar.

Lima e Oliveira (2005) ratificam essa ideia afirmando que, apesar de ainda existirem poucos estudos nessa área, exercícios resistidos de intensidade leve a moderada podem promover melhora na resistência e na flexibilidade muscular, sem aumento no risco de lesões, complicações na gestação ou relativas ao peso do feto ao nascer. Consequentemente, a mulher passa a suportar melhor o aumento de peso e atenuar as alterações posturais decorrentes desse período.

Além disso, o treinamento resistido tem se mostrado eficiente no auxílio ao controle da glicose sanguínea nos indivíduos diabéticos do tipo II (Kanaley et al., 2001 apud Ploutz-Snyder, 2006), podendo ser útil no controle gestacional do diabetes.

Com base nos expostos da literatura, as diretrizes atuais recomendam que os exercícios para gestantes devam incluir a combinação de atividades aeróbias que envolvam grandes grupamentos musculares e atividades de fortalecimento muscular geral, especialmente da região do *core* e do assoalho pélvico (Ghorayeb e Barros Neto, 1999; Nascimento, Surita e Cecatti, 2012).

Todavia, parece haver um maior direcionamento para as atividades aquáticas, em razão das propriedades da água que amenizam o impacto e auxiliam o retorno venoso (ACSM, 2007).

Segundo Lopes e Andrade (2005), exercícios dentro d'água podem ser, além de eficientes, divertidos, especialmente quando realizados em grupo, e são muito convenientes, pois a água ajuda na sustentação do peso corporal.

De acordo com Batista et al. (2003), a atividade física na água é benéfica para os joelhos e é mais relaxante que outros tipos de exercícios, especialmente exercícios de força, como a musculação.

A musculação, porém, é recomendada, desde que a gestante já seja praticante da modalidade, esteja em situação de total ausência de anormalidades e mediante avaliação médica especializada. Começar a praticar musculação durante a gravidez não é aconselhável (Guedes Jr., Souza Jr. e Rocha, 2008), mas se assim o fizer, sugere-se iniciar após o primeiro trimestre de gestação (Nascimento et al., 2014).

Ao contrário da musculação, algumas atividades devem ser evitadas. Batista et al. (2003), após revisão da literatura específica, cita os possíveis exercícios ou situações que não são recomendadas durante a gestação:

- qualquer atividade competitiva, artes marciais ou levantamento de peso (modalidade competitiva);
- exercícios com movimentos repentinos ou de saltos, que podem levar a lesões articulares;
- flexão ou extensão profunda, pois os tecidos conjuntivos já apresentam frouxidão (influência do hormônio relaxina);

- exercícios exaustivos e/ou que necessitam de equilíbrio, principalmente no terceiro trimestre;
- qualquer tipo de jogo com bolas que possa causar trauma abdominal;
- prática de mergulho (condições hiperbáricas levam a risco de embolia fetal quando ocorre a descompressão);
- qualquer tipo de ginástica aeróbia, corrida ou atividades em elevada altitude são contraindicadas ou, excepcionalmente, aceitas com limitações, dependendo das condições físicas da gestante;
- exercícios na posição supina (decúbito dorsal) após o terceiro trimestre podem resultar em obstrução do retorno venoso.

Todos esses cuidados favorecerão a segurança e a eficiência do trabalho. Mesmo assim, alguns sinais e sintomas são considerados indicativos para a interrupção da atividade e possível encaminhamento médico. Essas situações são as seguintes (Lopes e Andrade, 2005): dores de qualquer tipo, contrações uterinas repetidas, sangramento vaginal, perda de líquido amniótico, tonturas, desmaios, dispneia, palpitações, taquicardia, distúrbios visuais, edema generalizado, diminuição da atividade fetal, dificuldade em deambular e náuseas ou vômitos persistentes. Algumas outras condições são consideradas contraindicações absolutas para a prática do exercício físico na gravidez (Nascimento et al., 2014): doença cardíaca, doença pulmonar restritiva, incompetência istmo-cervical, gestação múltipla (após 30 semanas), sangramento durante a gestação, placenta prévia, trabalho de parto prematuro, ruptura prematura da membrana (tampão), pré-eclâmpsia ou qualquer hipertensão arterial não controlada.

Vale ressaltar que, em condição de gravidez, a palavra final deverá ser sempre a do médico que acompanha a gestante, cabendo ao profissional do exercício interagir com ele para garantir o sucesso do trabalho.

Segue exemplo de uma sessão de treinamento para gestantes. Para cada exercício, sugere-se a execução de 2 a 3 séries, 10 a 15 repetições e 2 minutos de intervalo entre séries e exercícios (Schoenfeld, 2011).

- aquecimento (aeróbio + alongamentos gerais);
- supino vertical;
- levantamento terra sumô com halteres;
- remada sentada;
- cadeira flexora;
- desenvolvimento na máquina;

- panturrilhas (sentada);
- puxada pela frente aberta;
- exercício abdominal (retroversão pélvica) com contração do assoalho pélvico;
- alongamento e volta à calma.

Figura 9.1 – Gestantes.

10 Musculação
Condições especiais IV (crianças)

10.1 A musculação pode ser praticada por crianças? Com que idade uma criança pode iniciar sua prática?

Evidências científicas atuais sugerem que o treinamento de força é tanto eficaz quanto seguro para crianças e adolescentes (Smith et al., 2014; Faigenbaum e McFarland, 2016). Campos (2000) cita que a musculação tem provado ser um efetivo instrumento para melhorar o condicionamento físico de crianças, independentemente da faixa etária. Além disso, o ACSM (2007) afirma que a natureza do treinamento de força (intermitente) se assemelha aos padrões naturais de atividade física da criança.

Kraemer e Fleck (2001) citam o aumento da força muscular, o aumento da força de resistência (resistência muscular), a diminuição do risco de lesões durante a prática de atividades esportivas e recreacionais e a melhora do desempenho nas atividades esportivas e recreacionais, sendo os principais benefícios associados à prática de musculação na infância e na adolescência. Campos (2000) e Oliveira, Lopes e Risso (2003) ainda destacam a melhora da coordenação muscular, manutenção ou aumento da flexibilidade, melhor controle postural (prevenção e correção de alterações posturais), aumento da densidade óssea, melhora da composição corporal, aumento das adaptações bioquímicas ao exercício (eficiência das vias metabólicas de produção de energia), estimulação biológica favorável ao crescimento e desenvolvimento, entre outros. Em recente estudo, Smith et al. (2014) observaram forte associação inversa entre aptidão muscular e obesidade central, doenças cardiovasculares e risco metabólico em crianças, ou seja, quanto maior o nível de força, menor o risco de desenvolver obesidade e algumas doenças crônicas. Os autores também observaram forte associação da aptidão muscular com a saúde óssea e a autoestima de crianças e adolescentes.

Além de todos esses benefícios, o treinamento de força para crianças e adolescentes, principalmente no âmbito desportivo, tem por função oferecer uma base de condicionamento físico (que pode durar muitos anos) para que haja condições posteriores de elas suportarem as cargas de trabalho, quando já em nível profissional. Atletas jovens (crianças e adolescentes) que vivenciam uma negligência do treinamento de força durante as categorias de base perceberão que seu desempenho na fase adulta será limitado, quando comparado ao desempenho de atletas que vivenciaram esse tipo de treinamento na juventude (infância e adolescência) (Gianoni e Teixeira, 2008). Confirmando a ideia, estudo de revisão sistemática com meta-análise (Lesinski, Prieske e Guanacher, 2016) observou que o treinamento de força apresenta efeito positivo sobre a força muscular e desempenho em saltos de jovens atletas e os efeitos são moderados pelo sexo, de modo que as meninas podem ser mais beneficiadas em relação aos meninos, e pelo tipo de treinamento, de modo que os pesos livres parecem ser mais interessantes.

Na literatura específica, podemos encontrar orientações para desenvolvimento de treinamento de força para crianças e adolescentes com base em sua idade cronológica. Essas orientações iniciam-se a partir dos 5 ou 7 anos de idade (Kraemer e Fleck, 2001; Oliveira, Lopes e Risso, 2003). Porém, a prescrição de treinamento de força para esse público deve levar em consideração, principalmente, o seu estado de desenvolvimento e maturação, tanto física quanto emocional (Kraemer e Fleck, 2001). Sendo assim, a idade biológica (nível maturacional) é a forma mais sensata de determinar o momento ideal para ingressar ou prescrever qualquer tipo de treinamento (Guedes Jr., Souza Jr. e Rocha, 2008). Mesmo assim, é importante lembrar sempre que a criança não é um adulto pequeno e, portanto, ainda está imatura, por mais robusta ou desenvolvida que pareça (Rhea, 2009).

A preocupação com a segurança da criança deve estar em primeiro plano. Atenção deve ser despendida à adaptação dos aparelhos, levando em consideração sua biomecânica, e à técnica de execução dos exercícios. Vale ressaltar que o treinamento de força não deve se limitar, somente, à sala de musculação, e as brincadeiras, como aquelas que exigem a sustentação do peso corporal ou de parte dele, podem ser introduzidas como parte do treinamento, aproveitando o componente lúdico.

Algumas recomendações específicas para a prescrição do treinamento de força nesse público podem ser observadas (Guedes Jr., Souza Jr. e Rocha 2008; Guedes Jr., 2007b):

- evitar a utilização de cargas máximas ou próximas da máxima até que a criança atinja o estágio 5 da escala de Tanner, que corresponde à adolescência;
- evitar a fadiga severa;
- frequência semanal: de 2 a 3 vezes;
- séries: 1 a 2;
- repetições: 8 a 12;
- intervalo entre séries e exercícios: 1 a 2 minutos;

- quantidade de exercícios: 6 a 10 (multi e uniarticulares);
- amplitude de movimento: fisiológica, com acompanhamento do professor;
- aumentar primeiro o número de repetições e depois o peso (aumentos de 0,5 kg a 1 kg);
- velocidade de execução: controlada pelo professor (moderada);
- iniciar nas máquinas e depois utilizar pesos livres;
- evitar a manobra de Valsalva (apneia); incentivar a respiração contínua.

A Associação Americana de Força e Condicionamento (National Strength and Conditioning Association – NSCA) publicou uma atualização de sua posição oficial a respeito do treinamento resistido na juventude (Faigenbaum et al., 2009):

- fornecer instrução e supervisão qualificadas;
- verificar se o ambiente de treinamento é seguro e livre de perigos;
- iniciar a sessão de treinamento com período de 5 a 10 minutos de aquecimento dinâmico;
- começar com cargas relativamente leves e sempre focar a correta técnica de execução;

- executar de 1 a 3 séries de 6 a 15 repetições em exercícios que variam o trabalho de membros superiores e inferiores;
- incluir exercícios específicos para o fortalecimento das regiões abdominal e lombar;
- focar o desenvolvimento muscular simétrico e o equilíbrio muscular ao redor das articulações;
- executar de 1 a 3 séries de 3 a 6 repetições em exercícios de potência que variam o trabalho de membros superiores e inferiores;
- a progressão do treinamento dependerá das necessidades, das habilidades e dos objetivos;
- aumentar gradualmente o peso de acordo com o aumento da força muscular (5% a 10%);
- período de volta à calma leve com exercícios calistênicos e alongamentos estáticos;
- ouvir as necessidades individuais e considerações pessoais do aluno em cada sessão;
- treinar de 2 a 3 vezes por semana em dias não consecutivos;
- utilizar planilha de treino individual para anotar e acompanhar o progresso de treinamento;
- manter o programa inovador e desafiador, variando sistematicamente o treinamento;

- otimizar o desempenho e a recuperação com nutrição, hidratação e sono adequados;
- o apoio e incentivo dos pais e professores ajudará a manter o interesse pelo treinamento.

Mais recentemente, pensando em estabelecer um critério de progressão mais preciso, considerando o nível atual de condicionamento da criança, Faigenbaum e Mc-Farland (2016) propuseram uma tabela como a 10.1:

Tabela 10. 1 – Progressão do treinamento resistido em crianças

Habilidade para o treinamento de força		
Baixa		**Alta**
Séries: 1-2 →	Séries: 2-4 →	Séries: múltiplas
Repetições: variadas →	Repetições: 6-12 →	Repetições: < 6
Intensidade: ≤ 60% 1 RM →	Intensidade: ≤ 80% 1 RM →	Intensidade: > 85% 1 RM
Exercícios: básicos (simples) →	Exercícios: intermediários →	Exercícios: avançados (complexos)
Frequência: 2 vezes/ semana →	Frequência: 2-3 vezes/semana →	Frequência: 2-4 vezes/ semana
Baixa		**Alta**
Força muscular		

Fonte: adaptada de Faigenbaum e McFarland (2016).

Nenhuma modalidade de exercício físico é completa em suas exigências, portanto, não existe uma atividade que trabalhe o corpo e seus sistemas de forma a proporcionar um desenvolvimento homogêneo e harmonioso. Conclui-se, então, que a combinação de atividades deve ser incentivada às crianças e quanto mais cedo esses hábitos forem vinculados à sua rotina de vida, maior será a probabilidade de esses hábitos serem levados para a vida adulta, formando um cidadão fisicamente ativo. As capacidades físicas trabalhadas na infância futuramente serão de grande valia em sua vida esportiva e cotidiana.

10.2 A musculação prejudica o crescimento longitudinal das crianças?

O crescimento longitudinal da criança se dá, segundo Campos (2000), através da cartilagem de crescimento (placa epifisária ou disco epifisário) presente nos ossos longos, mais especificamente em suas extremidades. Essas cartilagens separam a extremidade do centro do osso, e, quando ocorre o contato dessas duas regiões, considera-se interrompido o crescimento. Geralmente, os ossos fundem-se por completo por volta dos vinte anos de idade em meninos e alguns anos antes nas meninas.

Musculação: condições especiais IV (crianças)

O crescimento da criança também é influenciado pela ação hormonal. Entre os hormônios, podemos citar o hormônio do crescimento (GH) como o principal desencadeador desse processo. Silva et al. (2004), após revisão de literatura, verificaram que o exercício físico induz a estimulação do eixo GH/IGF-1, porém Alves e Lima (2008) concluíram que a musculação e outras modalidades praticadas por crianças pré-púberes, de modo geral, não têm efeitos específicos no sentido de aumentar ou diminuir a altura final.

Quando se refere à prática da musculação, segundo afirmação citada no item anterior (10.1), as evidências científicas sugerem que essa modalidade pode ser tanto eficaz quanto segura para crianças e adolescentes (Faigenbaum e McFarland, 2016; Smith et al., 2014).

Diversos estudos analisam as alterações nos discos epifisários em decorrência da intervenção do treinamento de força e chegam ao consenso de que esse tipo de treinamento, quando aplicado e supervisionado de maneira correta, não acarreta alterações nas placas de crescimento dos ossos longos (Faigenbaum e McFarland, 2016).

Corroborando essa ideia, Lopes (2002) conduziu estudo em que 5 crianças foram submetidas a um programa de 12 semanas de treinamento de força. Nesse estudo, após análise das radiografias pré e pós-intervenção, concluiu-se que as crianças não sofreram alterações ou lesões nas epífises ósseas nas regiões do cotovelo e joelho direitos.

Os fatores que podem comprometer o crescimento longitudinal seriam as lesões nas cartilagens de crescimento, que, por sua vez, acarretariam o fechamento prematuro dessa região, cessando o crescimento de forma precoce. Para que o crescimento longitudinal geral fosse comprometido, não bastaria apenas uma lesão em um único disco epifisário, mas lesões simultâneas nos discos epifisários presentes em todos os ossos longos do corpo, fato que parece ser de ocorrência muito improvável.

Guedes Jr. (2007b) ressalta que os principais fatores causadores de lesão nos esportes são o impacto, o contato físico e os deslocamentos rápidos, e a musculação, por sua vez, não apresenta nenhuma dessas características. Portanto, pode-se concluir que essa modalidade de treinamento é segura e que o receio de que o exercício de força seja prejudicial ao crescimento ósseo parece ser infundado (Kraemer e Fleck, 2001).

Vale lembrar que as crianças não são adultos pequenos, pois apresentam algumas particularidades. Um dos fatores que deve ser levado em consideração é o fato de que os seus diversos sistemas ainda se encontram em formação

Musculação: condições especiais IV (crianças)

e, portanto, não são capazes de suportar altas sobrecargas (Rhea, 2009). Sendo assim, no que se refere aos efeitos negativos provindos do treinamento físico durante a infância e adolescência, aparentemente, esses são independentes do tipo de modalidade esportiva praticada, porém, resultantes da intensidade excessiva do treinamento. Silva et al. (2004) sugerem que a alta intensidade do treinamento parece ocasionar uma modulação metabólica importante, com a elevação de marcadores inflamatórios e a supressão do eixo GH/IGF-1, com possíveis consequências prejudiciais ao crescimento.

De acordo com Kraemer e Fleck (2001), o que ditará o crescimento estatural será o potencial genético em relação a essa característica física, sendo pouco influenciado pela prática de exercício físico, excetuando-se os extremos (pouquíssima atividade ou excesso de atividade). Ou seja, não é porque joga basquetebol ou voleibol que alguém será grande, como também não será baixo por praticar ginástica artística ou musculação. O que explica a altura dos atletas de basquetebol, voleibol e ginástica artística é o processo de seleção que acontece ao longo da trajetória esportiva, chegando ao alto nível somente aqueles que apresentam características antropométricas favoráveis.

Referências

Achour Jr., A. *Exercício de alongamento*: anatomia e fisiologia. Barueri: Manole, 2002.

Agostinho Filho, J. P. et al. Desmistificando a ação do lactato nos eventos de dor muscular tardia induzida pelo exercício físico. *Rev Bras Ens Bioq Biol Mol*, v. 2, n. 6, 2006.

Alves, C.; Lima, R. Impacto da atividade física e esportes sobre o crescimento e puberdade de crianças e adolescentes. *Rev Paul Pediatr*, v. 26, n. 4, p. 383-91, 2008.

American College Of Sports Medicine (ACSM). *Manual do ACSM para avaliação da aptidão física relacionada à saúde*. Rio de Janeiro: Guanabara Koogan, 2006a.

_____. *ACSM's guidelines for exercise testing and prescription*. 7. ed. Philadelphia: Lippincott Williams & Wilkins, 2006b.

_____. *Diretrizes do ACSM para os testes de esforço e sua prescrição*. 7. ed. Rio de Janeiro: Guanabara Koogan, 2007.

_____. Progression models in resistance training for healthy adults. *Med Sci Sports Exer*, v. 34, n. 2, p. 364-80, 2002.

_____. Position stand: exercise and hypertension. *Med Sci Sports Exer*, v. 36, n. 3, p. 533-53, 2004.

_____. Position stand: quantity and quality of exercise for developing and maintaining cardiorespiratory, musculoskeletal, and neuromotor fitness in apparently healthy adults. guidance for prescribing exercise. *Med Sci Sports Exerc*, v. 43, n. 7, p. 1334-59, 2011.

_____. Position stand: progression models in resistance training for healthy adults. *Med Sci Sports Exerc*, v. 41, n. 3, 687-708, 2009.

_____. The recommended quantity and quality of exercise for developing and maintaining cardiorespiratory and muscular fitness, and flexibility in healthy adults. *Med Sci Sports Exer*, v. 30, n. 6, p. 975-91, 1998.

Andersson et al. Lumbar disc pressure and myoeletric back muscle activity during sitting. 1. Studies on an Experimental Chair. *Scand J Rehabil Med*, v. 6, n. 3, p. 104, 1974.

ANTONIO, J. et al. The effects of consuming a high protein diet (4,4 g/kg/d) on body composition in resistance-trained individuals. *J Int Soc Sports Nutr*, v. 11, n. 19, maio 2014.

AOKI, M. S. et al. Suplementação de carboidrato não reverte o efeito deletério do exercício de endurance sobre o subsequente desempenho de força. *Rev Bras Med Esporte*, v. 9, n. 5, p. 282-7, 2003.

ARRUDA, F. L. B. et al. A influência do alongamento no rendimento do treinamento de força. *Trein Desport*, v. 7, n. 1, p. 1-5, 2006.

ATKINSON, G.; REILLY, T. Circadian variation in sports performance. *Sports Med*, v. 21, n. 4, p. 292-312, 1996.

AXLER, C. T.; McGILL, S. M. Low back loads over a variety of abdominal exercises: searching for the safest abdominal challenge. *Med Sci Sports Exerc*, v. 29, n. 6, p. 804-11, 1997.

BACURAU, R. F. *Nutrição e suplementação esportiva*. 5. ed. São Paulo: Phorte, 2007.

BADILLO, J. J. G.; AYESTARÁN, E. G. *Fundamentos do treinamento de força*: aplicação ao alto rendimento desportivo. 2. ed. Porto Alegre: Artmed, 2001.

BALSAMO, S.; SIMÃO, R. *Treinamento de força para osteoporose, fibromialgia, diabetes tipo 2, artrite reumatoide e envelhecimento*. São Paulo: Phorte, 2005.

BARELA, J. A. Estratégias de controle em movimentos complexos: ciclo percepção-ação no controle postural. *Rev Paul Educ Fís*, n. 3, p. 79-88, 2000. Suplemento.

BARROS FILHO, T.; BASILE JR., R. *Coluna vertebral*: diagnóstico e tratamento das principais patologias. São Paulo: Sarvier, 1997.

BATISTA, D. C. et al. Atividade física e gestação: saúde da gestante não atleta e crescimento fetal. *Rev Bras Saúde Matern Infant*, v. 3, n. 2, p. 151-8, 2003.

BEATTIE, K. et al. The effect of strength training on performance in endurance athletes. *Sports Med*, v. 44, n. 6, p. 845-65, jun. 2014.

BEDONE, A. J.; MAIA, E. M. C.; MONTEIRO, I. M. U. Tensão pré-menstrual: resultados clínicos com 5 tipos de tratamento. *Rev Bras Ginecol Obstet*, v. 17, n.3, p. 295-303, 1995.

BEHM, D. G.; COLADO, J. C. The effectiveness of resistance training using unstable surfaces and devices for rehabilitation – clinical commentary. *Int J Sports Phys Ther*, v. 7, n. 2, p. 226-41, 2012.

BEMBEN, D. A.; FETTERS, N. L. The independent and additive effects of exercise training and estrogen on bone metabolism. *J Strength Cond Res*, v. 14, n. 1, p. 114-20, 2000.

BIOLO, G. et al. Insulin action on muscle protein kinetics and amino acid transport during recovery after resistance exercise. *Diabetes*, v. 48, n. 5, p. 949-57, 1999.

BOMPA, T. O.; CORNACCHIA, L. J. *Treinamento de força consciente*. São Paulo: Phorte, 2000.

BORDE, R.; HORTOBÁGYI, T.; GRANACHER, U. Dose-response relationships of resistance training in healthy old adults: a systematic review and meta-analysis. *Sports Med*, v. 45, n. 12, p. 1693-720, 2015.

BORGES BASTOS, C. L. et al. Chronic effect of static stretching on strength performance and basal serum IGF-1 levels. *J Strength Cond Res*, v. 27, n. 9, p. 2465-72, set. 2013.

BOUCHARD, C. *Atividade física e obesidade*. São Paulo: Manole, 2000.

BRANDIMILLER, P. A. *O corpo no trabalho*: guia de conforto e saúde para quem trabalha em microcomputadores. 2. ed. São Paulo: SENAC-SP, 2002.

BRASIL. Ministério da Saúde. *Vigitel 2014*: vigilância de fatores de risco e proteção para doenças crônicas por inquérito telefônico. Brasília, 2014.

BRUM, P. C. et al. Adaptações agudas e crônicas do exercício físico no sistema cardiovascular. *Rev Paul Educ Fís*, v. 18, p. 21-31, 2004.

BURD, N. A. et al. Bigger weights may not beget bigger muscles: evidence from acute muscle protein synthetic responses after resistance exercise. *Appl Physiol Nutr Metab*, v. 37, n. 3, p. 551-4, jun. 2012.

CÂMARA, L. C. et al. Exercícios resistidos terapêuticos para indivíduos com doença arterial obstrutiva periférica: evidências para a prescrição. *J Vasc Bras*, v. 6, n. 3, p.247-57, 2007.

CAMPOS, M. A. *Musculação*: diabéticos, osteoporóticos, idosos, crianças, obesos. Rio de Janeiro: Sprint, 2000.

CANALI, E. S.; KRUEL, L. F. M. Respostas hormonais ao exercício. *Rev Paul Educ Fís*, v. 15, n. 2, p. 141-53, 2001.

CAPUTO, F. et al. Fatores intrínsecos do custo energético da locomoção durante a natação. *Rev Bras Med Esporte*, v. 12, n. 6, p. 399-404, 2006.

CHTOUROU, H. I.; SOUISSI, N. The effect of training at a specific time of day: a review. *J Strength Cond Res*, v. 26, n. 7, p. 1984-2005, jul. 2012.

CICCOLO, J. T. et al. Resistance training as an aid to standard smoking cessation treatment: a pilot study. *Nicotine Tob Res*, v. 13, n. 8, p. 756-60, 2011.

CIOLAC, E. G. High-intensity interval training and hypertension: maximizing the benefits of exercise? *Am J Cardiovasc Dis*, v. 2, n. 2, p. 102-10, jun. 2012.

COKER, R. H. et al. Influence of exercise intensity on abdominal fat and adiponectin in elderly adults. *Metab Syndr Relat Disord*, v. 7, n. 4, p. 363-8, ago. 2009.

COSSENZA, C. E. *Musculação feminina*. 2. ed. Rio de Janeiro: Sprint, 1992.

CRAIG, C. *Treinamento de força com bola*. São Paulo: Phorte, 2007.

CRATE, T. Analysis of the lat pulldown. *Strength Cond J*, v. 19, n. 3, p. 26-9, 1997.

CYRINO, E. S. et al. Comportamento da flexibilidade após 10 semanas de treinamento com pesos. *Rev Bras Med Esporte*, v. 10, n. 4, p. 233-7, 2004.

DIAS, I. B. F.; MONTENEGRO, R. A.; MONTEIRO, W. D. Exercícios físicos como estratégia de prevenção e tratamento da obesidade: aspectos fisiológicos e metodológicos. *Revista HUPE*, Rio de Janeiro, v. 13, n. 1, p. 70-9, 2014.

DIAS, R. M. R.; GURJÃO, A. L. D.; MARUCCI, M. F. N. Benefícios do treinamento com pesos para aptidão física de idosos. *Acta Fisiatr*, v. 13, n. 2, p. 90-5, 2006.

DIBREZZO, R.; FORT, I. L.; BROWN, B. Dynamic strength and work variations during three stages of the menstrual cycle. *J Orthop Sports Phys Ther*, v. 10, n. 4, p. 113-6, 1988.

DORRELL, H. F.; GEE, T. I.; MIDDLETON, G. An update on effects of creatine supplementation on performance: a review. *Sports Nutr Ther*, v. 1, n. 1, p. e107, 2016.

EBBEN, W. P. M. S.; JENSEN, R. L. Strength training for women: debunking myths that block opportunity. *Phys Sportsmed*, v. 26, n. 5, p. 86-97, 1998.

ESCAMILLA, R. F. Knee biomechanics of the dynamic squat exercise. *Med Sci Sports Exerc*, v. 33, n. 1, p. 127-41, 2001.

FAIGENBAUM, A. D.; MCFARLAND, J. E. Resistance training for kids: right from the start. *ACSM's Health Fit J*, v. 20, n. 5, p. 16-22, 2016.

FAIGENBAUM, A. D. et al. Youth resistance training: update position statement paper from the National Strength and Condiotining Association. *J Strength Cond Res*, v. 23, p.S60-79, 2009.

FATOUROS, I. G. et al. Strength training and detraining effects on muscular strength, anaerobic power, and mobility of inactive older men are intensity dependent. *Br J Sports Med*, v. 39, n. 10, p. 776-80, out. 2005.

FERREIRA, U. M. G. et al. Esteroides anabólicos androgênicos. *Rev Bras Prom Saúde*, v. 20, n. 4, p. 267-75, 2007.

FLECK, S. J.; FIGUEIRA Jr. A. *Treinamento de força para fitness e saúde*. São Paulo: Phorte, 2003.

FLECK, S. J.; KRAEMER, W. J. *Fundamentos do treinamento de força muscular*. 3. ed. Porto Alegre: Artmed, 2006.

FLECK, S.; SIMÃO, R. *Força*: princípios metodológicos de treinamento. São Paulo: Phorte, 2008.

FORJAZ, C. L. M. et al. Exercício resistido para o paciente hipertenso: indicação ou contraindicação. *Rev Bras Hipertens*, v. 10, n. 2, p. 119-24, 2003.

FOSCHINI, D.; PRESTES, J.; CHARRO, M. A. Relação entre exercício físico, dano muscular e dor muscular de início tardio. *Rev Bras Cineantrop Des Hum*, v. 9, n. 1, p. 101-6, 2007.

FOSS, M. L.; KETEYIAN, S. J. *Fox*: bases fisiológicas do exercício e do esporte. 6. ed. Rio de Janeiro: Guanabara Koogan, 2000.

FRANÇA, L. H. G.; TAVARES, V. Insuficiência venosa crônica: uma atualização. *J Vasc Bras*, v. 2, n. 4, p. 318-28, 2003.

FRY, A. C.; KRAEMER, W. J. Resistance exercise overtraining and overreaching. Neuroendocrine responses. *Sports Med*, v. 23, n. 2, p. 106-29, 1997.

GAION, P. A.; VIEIRA, L. F. Prevalência de síndrome pré-menstrual em atletas. *Rev Bras Med Esporte*, v. 16, n. 1, p. 24-8, 2010.

GENTIL, P. et al. Comparison of upper body strength gains between men and women after 10 weeks of resistance training. *Peer J*, v. 4, p. e1627, fev. 2016.

GENTIL, P. *Bases científicas do treinamento de hipertrofia*. Rio de Janeiro: Sprint, 2005.

GHAPHERY, N. A. Performance-enhancing drugs. *Orthop Clin North Am*, v. 26, p. 433-42, 1995.

GHORAYEB, N.; BARROS NETO, T. L. *O exercício*: preparação fisiológica, avaliação médica, aspectos especiais e preventivos. Rio de Janeiro: Atheneu, 1999.

GIANONI, R. L. S.; TEIXEIRA, V. L. S. T. Musculação para jovens atletas. *J Muscul Fitness*, v. 14, n . 71, p. 15-6, 2008.

GIUGLIANI, E. R. J.; VICTORIA, C. G. Alimentação complementar. *J Pediat*, v. 76, n. 3, p. S253-62, 2000.

GLOWACKI, S. P. et al. Effects of resistance, endurance, and concurrent exercise on training outcomes in men. *Med Sci Sports Exerc*, v. 36, n. 12, p. 2119-27, 2004.

GRAVES, J. E.; FRANKLIN, B. A. *Treinamento resistido na saúde e reabilitação*. Rio de Janeiro: Revinter, 2006.

GREENE, H. S. et al. A history of low back injury is a risk factor for recurrent back injuries in varsity athletes. *Am J Sports Med*, v. 29. n. 6, p. 795-800, 2001.

GREVE, J. M. D.; AMATUZZI, M. M. *Medicina de reabilitação aplicada à ortopedia e traumatologia*. São Paulo: Roca, 1999.

GUALANO, B. et al.. A suplementação de creatina prejudica a função renal? *Rev Bras Med Esporte*, v. 14, n. 1, p. 68-73, 2008.

GUEDES JR., D. P. *Comparação do efeito de dois protocolos de treinamento concorrente sobre as variáveis de aptidão física relacionadas à saúde*: força/endurance e endurance/ força. 2007. Dissertação (Mestrado em Educação Física) – Unifesp, São Paulo, 2007a.

_____. *Musculação*: estética e saúde feminina. 3. ed. São Paulo: Phorte, 2007b.

_____. *Saiba tudo sobre musculação*. Rio de Janeiro: Shape, 2007c. (Corpo e Saúde).

_____. Personal training *na musculação*. Rio de Janeiro: Ney Pereira, 1997.

_____. *Treinamento de força*. Centro de Estudos de Fisiologia do Exercício, 2003. Disponível em: <http://www.centrodeestudos.org.br>. Acesso em: 6 jul. 2009.

GUEDES, D. P; GUEDES, J. E. R. P. *Manual prático para avaliação em educação física*. Barueri: Manole, 2006.

GUEDES JR., D. P.; SOUZA JR., T. P.; ROCHA, A. C. *Treinamento personalizado em musculação*. São Paulo: Phorte, 2008.

GUIMARÃES NETO, W. M. *Diário prático de treinamento com pesos*. 3. ed. São Paulo: Phorte, 2006.

HAFF, G. G. et al. Carbohydrate supplementation and resistance training. *J Strength Cond Res*, v. 17, n. 1, p. 187-96, 2003.

HAMILL, B. P. Relative safety of weightlifting and weight training. *J Strength Cond Res*, v. 8, n. 1, p. 53-7, 1994.

HANSEN, D.; DE STRIJCKER, D.; CALDERS, P. Impact of endurance exercise training in the fasted state on muscle biochemistry and metabolism in healthy subjects: can these effects be of particular clinical benefit to type 2 diabetes mellitus and insulin-resistant patients? *Sports Med*, v. 47, n. 3, p. 415-38, 2017.

HARMAN, E. A. et al. Effects of a belt on intra-abdominal pressure during weight lifting. *Med Sci Sports Exerc*, v. 21, n. 2, p. 186-90, 1989.

HERBERT, R. D.; GABRIEL, M. Effects of stretching before and after exercising on muscle soreness and risk of injury: systematic review. *BMJ*, v. 325, n. 7362, p. 468, 2002.

HERBERT, R. D.; NORONHA, M. stretching to prevent or reduce muscle soreness after exercise. *Coch Data System Rev*, n. 4, CD004577, 2007.

Referências

HERDA, T. J. et al. Acute effects of static versus dynamic stretching on isometric peak torque, electromyography, and mechanomyography of the biceps femoris muscle. *J Strength Cond Res*, v. 22, n. 3, p. 809-17, 2008.

HETTINGER, T. *Isometrisches muskeltraining*. 4. ed. Stuttgart: Thieme, 1972.

HEYWARD, V. H. *Avaliação física e prescrição de exercício*: técnicas avançadas. 4. ed. Porto Alegre: Artmed, 2004.

HODGES, P. W.; GANDEVIA, S. C. Activation of the human diaphragm during a repetitive postural task. *J Physiol*, v. 522, p. 165, 2000.

HORRIGAN, J. M. et al. Magnetic resonance imaging evaluation of muscle usage associated with three exercises for rotator cuff rehabilitation. *Med Sci Sports Exerc*, v. 31, p. 10, p. 1361-6, 1999.

IRIART, J. A. B.; CHAVES, J. C.; ORLEANS, R. G. Culto ao corpo e uso de anabolizantes entre praticantes de musculação. *Cad Saúde Pública*, v. 25, n. 4, p. 773-82, 2009.

IRVING, B. A. et al. Effect of exercise training intensity on abdominal visceral fat and body composition. *Med Sci Sports Exerc*, v. 40, n. 11, p. 1863-72, nov. 2008.

JOVINE, M. S. et al. Efeito do treinamento resistido sobre a osteoporose após a menopausa: estudo de atualização. *Rev Bras Epidemiol*, v. 9, n. 4, p. 493-505, 2006.

JUDELSON, D. A. et al. Effect of hydration state on strength, power, and resistance exercise performance. *Med Sci Sports Exerc*, v. 39, n. 10, p. 1817-24, 2007a.

JUDELSON, D. A. et al. Hydration and muscular performance: does fluid balance affect strength, power and high-intensity endurance? *Sports Med*, v. 37, n. 10, p. 907-21, 2007b.

JUKER, D. et al. Quantitative intramuscular myoeletric activity of lumbar portions of psoas and the abdominal wall during a wide variety of tasks. *Med Sci Sports Exerc*, v. 30, n. 2, p. 301, 1998.

KAPANDJI, A. I. *Fisiologia articular*. 5 ed. São Paulo: Médica Panamericana, 2000.

KELLEY, G.A.; KELLEY, K.S. Impact of progressive resistance training on lipids and lipoproteins in adults: a meta-analysis of randomized controlled trials. *Prev Med*, v. 48, n. 1, p. 9-19, jan. 2009.

KODAMA, S. et al. Effect of aerobic exercise training on serum levels of high-density lipoprotein cholesterol: a meta-analysis. *Arch Intern Med*, v. 167, n. 10, p. 999-1.008, 2007.

KRAEMER, W. J.; FLECK, S. J. *Otimizando o treinamento de força*. Barueri: Manole, 2009.

_____. *Treinamento de força para jovens atletas*. Barueri: Manole, 2001.

KRAEMER, W. J.; HÄKKINEN, K. *Treinamento de força para o esporte*. Porto Alegre: Artmed, 2004.

KRAEMER, W. J.; RATAMESS, N. Hormonal responses and adaptations to resistance exercise and training. *Sports Med*, v. 35, n. 4, p. 339-61, 2005.

KRAVTSOV, P. F. The influence of the training of the muscular component of the musculo-venous pump in the lower extremities on the clinical course of varicose vein disease. *Vopr Kurortol Fizioter Lech Fiz Kult*, v. 93, n. 6, p. 33-36, 2016.

KREIDER, R. B. et al. ISSN exercise & sport nutrition review: research & recommendations. *Sport Nutr Rev J*, v. 1, n. 1, p. 1-44, 2004.

KREIDER, R. B. Effects of creatine supplementation on performance and training adaptations. *Mol Cell Biochem*, v. 244, p. 89-94, 2003.

Küüsma et al. Effects of morning versus evening combined strength and endurance training on physical performance, muscle hypertrophy, and serum hormone concentrations. *Appl Physiol Nutr Metab*, v .41, n. 12, p. 1285-94, 2016.

LANDER, J. E.; HUNDLEY, J. R.; SIMONTON, R. L. The effectiveness of weightbelts during multiple repetitions of the squat exrcise. *Med Sci Sports Exerc*, v. 24, n. 5, p. 603-9, 1992.

LEINONEN, V. et al. Back and hip extensor activities during trunk flexion/extension: effects of low back pain and rehabilitation. *Arch Phys Med Rehabil*, n. 81, p. 32-7, 2000.

LESINSKI, M.; PRIESKE, O.; GRANACHER, U. Effects and dose-response relationships of resistance training on physical performance in youth athletes: a systematic review and meta-analysis. *Br J Sports Med*, v. 50, n. 13, p. 781-95, jul. 2016.

LEWIS, J. A systematic literature review of the relationship between stretching and athletic injury prevention. *Orthop Nurs*, v. 33, n. 6, p. 312-20, nov./dez. 2014.

LIMA, F. R.; OLIVEIRA, N. Gravidez e exercício. *Rev Bras Reumatol*, v. 45, n. 3, p. 188-90, 2005.

LIMA, R. M.; OLIVEIRA, R. J.; SILVA, V. A. P. Efeitos do treinamento resistido sobre a capacidade cardiorrespiratória de indivíduos idosos. *EFDeportes.com, Revista Digital*, Buenos Aires, ano 11, n.97, 2006. Disponível em: <http://www.efdeportes.com/efd97/idoso.htm>. Acesso em: 4 nov. 2008.

LOPES, A. G. *Possíveis alterações epifisárias em função do treinamento de força muscular em pré-púberes.* 2002. Monografia (Curso de Educação Física) – Universidade Estadual de Londrina, Londrina, 2002.

LOPES, C. M. C.; Andrade, J. Atividade física e gravidez. In: GORGATTI, M. G.; COSTA, R. F. (Org.). *Atividade física adaptada*: qualidade de vida para pessoas com necessidades especiais. Barueri: Manole, 2005.

MACHADO, A. H.; SILVA, J. D.; GUANABARINO, R. Análise da força muscular em mulheres praticantes de musculação na fase menstrual e pós-menstrual. *Rev Dig Vida Saúde*, v. 3, 2002.

MACDONALD, H. V. et al. Dynamic resistance training as stand-alone antihypertensive lifestyle therapy: a meta-analysis. *J Am Heart Assoc*, v. 10, n. 5, set. 2016.

MACHADO-MOREIRA, C. A. et al. Hidratação durante o exercício: a sede é suficiente? *Rev Bras Med Esporte*, v. 12, n. 6, p. 405-9, 2006.

MADUREIRA, F. B. et al. Resistance training response in the water (water force) for professional futsal players. *AEA Aquatic Fitness Res J*, v. 4, n. 2, p. 6-11, 2007.

MAIOR, A. S. Análise do exercício puxada por trás. *EFDeportes.com, Revista Digital*, Buenos Aires, v. 10, n. 72, 2004. Disponível em: <http://www.efdeportes.com/efd72/puxada.htm>. Acesso em: 22 jun. 2009.

MAIOR, A. S.; SANTOS, T. M. Exercícios contraindicados no treinamento de força: fundamentação em evidências. *EFDeportes.com, Revista Digital*, Buenos Aires, v. 10, n. 85, 2005. Disponível em: <http://www.efdeportes.com/efd85/exerc.htm>. Acesso em: 18 nov. 2008.

MALACHIAS, M. V. B. et al. 7ª diretriz brasileira de hipertensão arterial. *Arq Bras Cardiol*, v. 107, n. 3, 2016. Suplemento.

MANN, S.; BEEDIE, C.; JIMENEZ, A. Differential effects of aerobic exercise, resistance training and combined exercise modalities on cholesterol and the lipid profile: review, synthesis and recommendations. *Sports Med*, v. 44, n. 2, p. 221-21, fev. 2014.

MARSHALL, P. W.; MURPHY, B. A. Increased deltoid and abdominal muscle activity during swiss ball bench press. *J Strength Cond Res*, v. 20, n. 4, p. 745-50, 2006.

MARTYN-ST. JAMES, M.; CARROLL, S. Progressive high-intensity resistance training and bone mineral density changes among premenopausal women: evidence of discordant site-specific skeletal effects. *Sports Med*, n. 36, v. 8, p. 683-704, 2006.

MCARDLE, W. D.; KATCH, F. I.; KATCH, V. L. *Fisiologia do exercício*: energia, nutrição e desempenho humano. 4. ed. Rio de Janeiro: Guanabara Koogan, 1998.

McQUADE, K.; DAWSON, J.; SMIDT, G. Scapulothoracic muscle fatigue associated with alterations in scapulohumeral rhythm kinematics during maximum resistive shoulder elevation. *JOSTP*, v. 28, n. 2, p. 74-80, 1998.

MELLION, M. *Segredos em medicina desportiva*. Porto Alegre: Artes Médicas, 1997.

MELLO, A. S.; XIMENES, H. P. Treinamento de força para hipertensos. *Rev Dig Vida Saúde*, v. 1, n. 2, 2002.

MINATI, A.; SANTANA, M. G.; MELLO, M. T. A influência dos ritmos circadianos no desempenho físico. *Rev Bras Ciênc Mov*, v. 14, n. 1, p. 75-86, 2006.

MONTEIRO, W. D. et al. Influence of strength training on adult women's flexibility. *J Strength Cond Res*, v. 22, n. 3, p. 672-7, 2008.

MORTON, S. K. et al. Resistance training vs. static stretching: effects on flexibility and strength. *J Strength Cond Res*, v. 25, n. 12, p. 3391-8, 2011.

MURACH, K. A.; BAGLEY, J. R. Skeletal muscle hypertrophy with concurrent exercise training: contrary evidence for an interference effect. *Sports Med*, v. 46, n. 8, p. 1029-39, ago. 2016.

MUSSI, R. F. F.; ALMEIDA, C. B. Treinamento de força e flexibilidade para o tratamento de hérnia de disco cervical. *BoletimEF*, 2008.

NADER, G. A. Concurrent strength and endurance training: from molecules to man. *Med Sci Sports Exerc*, v. 38, n. 11, p. 1965-70, 2006.

NADERI, A. et al. Timing, optimal dose and intake duration of dietary supplements with evidence-based use in sports nutrition. *J Exerc Nutrition Biochem*, v. 20, n. 4, p. 1-12, dez. 2016.

NASCIMENTO, S. L.; SURITA, F. G.; CECATTI, J. G. Physical exercise during pregnancy: a systematic review. *Curr Opin Obstet Gynecol*, v. 24, n. 6, p. 387-94, 2012.

NASCIMENTO, S. M. et al. Recomendações para a prática de exercício físico na gravidez: uma revisão crítica da literatura. *Rev Bras Ginecol Obstet*, v. 36, n. 9, p. 423-31, 2014.

NEGRELLI, W. F. Hérnia discal: procedimentos de tratamento. *Acta Ortop Bras*, v. 9, n. 4, p. 39-45, 2001.

NELSON, B. W. et al. Can spinal surgery be prevented by aggressive strengthening exercise? A prospective study of cervical and lumbar patients. *Arch Phys Med Rehabil*, v. 80, p. 20-5, 1999.

NORDIN, M.; FRANKEL, V. H. *Biomecânica básica do sistema musculoesquelético*. 3. ed. Rio de Janeiro: Guanabara Koogan, 2003.

NOSAKA, K. et al. Muscle damage in resistance training – is muscle damage necessary for strength gain and muscle hypertrophy? *Intern J Sport Health Sci*, v. 1, n. 1, p. 1-8, 2003.

OLIVEIRA, A. R.; LOPES, A. G.; RISSO, S. Elaboração de programas de treinamento de força para crianças. *Semina Ciênc Biol Saúde*, v. 24, p. 85-96, 2003.

OLIVEIRA, J. R. G. A importância da ginástica laboral na prevenção de doenças ocupacionais. *Rev Educ Fís*, v. 139, p. 40-9, 2007.

ORGANIZAÇÃO MUNDIAL DA SAÚDE (OMS). *Relatório*, 2003.

PAKENAS, A.; SERRÃO, J. C. Relação entre atividade física e sobrecarga mecânica na articulação glenoumeral. *Rev Port Ciênc Desp*, v. 2, n. 5, p. 91-7, 2002.

PASIAKOS, S. M.; MCLELLAN, T. M.; LIEBERMAN, H. R. The effects of protein supplements on muscle mass, strength, and aerobic and anaerobic power in healthy adults: a systematic review. *Sports Med*, v. 45, n. 1, p. 111-31, jan. 2015.

PATE, R. R. The evolving definition of physical fitness. *Quest*, v. 40, n. 3, p. 174-9, 1988.

PAULO, A. C. et al. Efeito do treinamento concorrente no desenvolvimento da força motora e da resistência aeróbia. *Rev Mackenzie Edu Fís Esp*, v. 4, n. 4, p. 145-54, 2005.

PEREIRA, B.; SOUZA JR., T. P. *Compreendendo a barreira do rendimento físico*: aspectos metabólicos e fisiológicos. São Paulo: Phorte, 2005.

_____. *Dimensões biológicas do treinamento físico*. São Paulo: Phorte, 2001.

PESCATELLO, L. S. Exercise and hypertension: recent advances in exercise prescription. *Curr Hypertens Rep*, v. 7, n. 4, p. 281-6, 2005.

PETERSON, L.; RENSTROM, P. *Lesões do esporte*: prevenção e tratamento. 3. ed. Barueri: Manole, 2002.

PETERSON, M. D.; RHEA, M. R.; ALVAR, B. A. Maximizing strength development in athletes: a meta-analysis to determine the dose-response relationship. *J Strength Cond Res*, v. 18, n. 2, p. 377-82, 2004.

_____. Applications of the dose-response for muscular strength development: a review of meta-analytic efficacy and reliability for designing training prescription. *J Strength Cond Res*, v. 19, n. 4, p. 950-58, 2005.

PLATONOV, V. *Treinamento desportivo para nadadores de alto nível*. São Paulo: Phorte, 2005.

PLOUTZ-SNYDER, L. Treinamento resistido para mulheres. In: GRAVES, J.; FRANKLIN, B. *Treinamento resistido na saúde e reabilitação*. Rio de Janeiro: Revinter, 2006.

POLITO, M. D.; FARINATTI, P. T. V. Comportamento da pressão arterial após exercícios contrarresistência: uma revisão sistemática sobre variáveis determinantes e possíveis mecanismos. *Rev Bras Med Esporte*, v. 12, n. 6, p. 386-92, 2006.

POLITO, M. D.; FARINATTI, P. T. V. Respostas de frequência cardíaca, pressão arterial e duplo-produto ao exercício contrarresistência: uma revisão da literatura. *Rev Port Ciênc Desp.*, v. 3, n. 1, p. 79-91, 2003.

POLLOCK, M.; WILMORE, J. *Exercícios na saúde e na doença*. 2. ed. Rio de Janeiro: Medsi, 1993.

POORTMANS, J. R.; FRANCAUX, M. Adverse effects of creatine supplementation: fact or fiction? *Sports Med*, v. 30, n. 3, p. 155-70, 2000.

POWERS, S. K.; HOWLEY, E. T. *Fisiologia do exercício*: teoria e aplicação ao condicionamento e ao desempenho. 5. ed. Barueri: Manole, 2005.

PRADO, E. S.; DANTAS, E. H. M. Efeito dos exercícios físicos aeróbio e de força nas lipoproteínas HDL, LDL e lipoproteína(a). *Arq Bras Cardiol*, v. 79, n. 4, p. 429-33, 2002.

PRENTICE, W. E. *Técnicas de reabilitação em medicina esportiva*. 3. ed. Barueri: Manole, 2002, p. 188-97.

RADAELLI, R. et al. Low- and high-volume strength training induces similar neuromuscular improvements in muscle quality in elderly women. *Exp Gerentol*, v. 48, n. 8, p. 710-6, ago. 2013.

RAMOS, G. V.; SANTOS, R. R.; GONÇALVES, A. Influência do alongamento sobre a força muscular: uma breve revisão sobre as possíveis causas. *Rev Bras Cineantrop e Des Hum*, v. 9, p. 203-6, 2007.

RAPKIN, A. A review of treatment of premenstrual syndrome and premenstrual dysphoric disorder. *Psychoneuroendocrinology*, v. 28, p. 39-53, 2003. Suplemento.

RAWSON, E. S.; VOLEK, J. S. Effects of creatine supplementation and resistance training on muscle strength and weightlifting performance. *J Strength Cond Res*, v. 17, n. 4, p. 822-31, 2003.

REILLY, T.; ATKINSON, G.; WATERHOUSE, J. *Biological rhythms and exercise*. New York: Oxford University Press, 1997.

RHEA, M. *Treinamento de força para crianças*. São Paulo: Phorte, 2009.

RHODES, E. C. et al. Effects of one year of resistance training on the relation between muscular strength and bone density in elderly women. *Br J Sports Med*, v. 34, n. 1, p. 18-22, 2000.

ROBLING, A. G.; CASTILLO, A. B.; TURNER, C. H. Biomechanical and molecular regulation of bone remodeling. *Annu Rev Biomed Eng*, v. 8, p. 455-98, 2006.

ROCHA, A. C. et al. Alterações morfofuncionais causadas pelo treinamento de força no meio líquido. *Fit Perf J*, v. 6, n. 3, p. 188-94, 2007.

Rocha, A. C.; Martins, H.; Guedes Jr., D. P. Eficácia do metrônomo para o controle da velocidade de movimento durante o treinamento de contrarresistência. In: Simpósio Internacional de Ciências do Esporte, 31, 2008, São Paulo. *Rev Bras Ciênc Mov*, v. 16, p. 253, 2008.

Rønnestad, B. R. et al. Dissimilar effects of one- and three-set strength training on strength and muscle mass gains in upper and lower body in untrained subjects. *J Strength Cond Res*, v. 21, n. 1, p. 157-63, fev. 2007.

Ross, R.; Janssen, I. Is abdominal fat preferentially reduced in response to exercise-induced weight loss? *Med Sci Sports Exerc*, v. 31, n. 11, p. 568-72, 1999.

Rubini, E. C.; Costa, A. L.; Gomes, P. S. The effects of stretching on strength performance. *Sports Med*, v. 37, n. 3, p. 213-24, 2007.

Saba, F. *Aderência*: a prática do exercício físico em academias. Barueri: Manole, 2001.

Sacchi, A. A. *Avaliação da bomba muscular da panturrilha nos pacientes portadores de varizes primárias através de plestimografia a ar*. Dissertação (Mestrado) – UNIFESP, São Paulo, 2004.

Salvador, E. P. et al. Comparação entre o desempenho motor de homens e mulheres em séries múltiplas de exercícios com pesos. *Rev Bras Med Esporte*, v. 11, n. 5, p. 257-61, 2005.

Samuel, J.; Barette, G. La rééducation des dorsalgies bénignes de l'adulte. *Encycl Méd Chir*. Elsevier, Paris-France, Kinesitherapie, v. 26, n. 294, p. E-10, 1987.

Santarém, J. M. Atualização em exercícios resistidos: mobilização do tecido adiposo. *Saúde Total*, 8 nov. 1998. Disponível em: <http://www.saudetotal. com/artigos/atividadefisica/tecadiposo.asp>. Acesso em: 2 jun. 2008.

Schoenfeld, B. J. Is there a minimum intensity threshold for resistance training-induced hypertrophic adaptations? *Sports Med*, v. 43, n. 12, p. 1279-88, dez. 2013.

_____. Resistance training during pregnancy: safe and effective program design. *Strength Cond J*, v. 33, n. 5, p. 67-75, out. 2011.

_____. The mechanisms of muscle hypertrophy and their application to resistance training. *J Strength Cond Res*, v. 24, n. 10, p. 2857-72, 2010.

Schoenfeld, B. J.; Ogborn, D.; Krieger, J. W. Dose-response relationship between weekly resistance training volume and increases in muscle mass: A systematic review and meta-analysis. *J Sports Sci*, v. 35, n. 11, p. 1073-82, jun. 2017.

SCHOENFELD, B. J.; OGBORN, D.; KRIEGER, J. W. Effect of repetition duration during resistance training on muscle hypertrophy: a systematic review and meta-analysis. *Sports Med*, v. 45, n. 4, p. 577-85, abr. 2015.

_____. Effects of resistance training frequency on measures of muscle hypertrophy: a systematic review and meta-analysis. *Sports Med*, v. 46, n. 11, p. 1689-97, nov. 2016.

SCHOENFELD, B. J. et al. Effects of low- vs. high-load resistance training on muscle strength and hypertrophy in well-trained men. *J Strength Cond Res*, v. 29, n. 10, p. 2954-63, out. 2015.

SCHOENFELD, B. J. et al. Body composition changes associated with fasted versus non-fasted aerobic exercise. *J Int Soc Sports Nutr*, v. 11, n. 1, p. 54, nov. 2014.

SIATRAS, T. A. et al. The duration of the inhibitory effects with static stretching on quadriceps peak torque production. *J Strength Cond Res*, v. 22, n. 1, p. 40-6, 2008.

SIGNORILE, J. F.; ZINK, A. J.; SZWED, S. P. A comparative electromyographical investigation of muscle utilization patterns using various hand positions during the lat pull-down. *J Strength Cond Res*, v. 16, n. 4, p. 539-46, 2002.

SILVA, C. C.; GOLDBERG, T. B. L.; TEIXEIRA, A. S. O exercício físico potencializa ou compromete o crescimento longitudinal de crianças e adolescentes? Mito ou verdade? *Rev Bras Med Esporte*, v. 10, n. 6, p. 520-4, 2004.

SILVA, D. K.; NAHAS, M. V. Prescrição de exercícios físicos para pessoas com doença vascular periférica. *Rev Bras Ciênc Mov*, v. 10, n. 1, p. 55-61, 2002.

SILVA, E. O. et al. Análise de resultados de teste de 1 RM nas fases pré e pós--menstrual. *Rev Dig Vida Saúde*, v. 1, n. 3, 2002.

SILVA, P. R. P.; DANIELSKI, R.; CZEPIELEWSKI, M. A. Esteroides anabolizantes no esporte. *Rev Bras Med Esporte*, v. 8, n. 6, p. 235-43, 2002.

SILVEIRA, M. G.; NAGEM, M. P.; MENDES, R. R. Exercício físico como fator de prevenção e tratamento da hipertensão arterial. *EDFeportes.com, Revista Digital*, Buenos Aires. v. 11, n. 106. 2007. Disponível em: <http://www.efdeportes.com/efd106/exercicio-fisico-como-fator-de-prevencao-e-tratamento-da-hipertensao-arterial.htm>. Acesso em: 24 jun. 2009.

SIMÃO, R. *Saiba tudo sobre hipertrofia*. Rio de Janeiro: Shape, 2007. (Corpo e Saúde.)

_____. *Treinamento de força na saúde e qualidade de vida*. São Paulo: Phorte, 2004.

SINGER, N. R. *Psicologia dos esportes*: mitos e verdades. 2. ed. São Paulo: Harbra, 1977.

SMITH, J. J. et al. The health benefits of muscular fitness for children and adolescents: a systematic review and meta-analysis. *Sports Med*, v. 44, n. 9, p. 1209-23, set. 2014.

SOCIEDADE BRASILEIRA DE MEDICINA DO ESPORTE (SBME). Posição oficial da Sociedade Brasileira de Medicina do Esporte: atividade física e saúde. *Rev Bras Med Esporte*, v. 2, n. 4, p. 79-81, 1996.

_____. Posicionamento oficial: atividade física e saúde na infância e adolescência. *Rev Bras Med Esporte*, v. 4, n. 4, p. 107-9, 1998.

_____. Posicionamento oficial da Sociedade Brasileira de Medicina do Esporte: atividade física e saúde na mulher. *Rev Bras Med Esporte*, v. 6, n. 6, p. 215-20, 2000.

SOCIEDADE BRASILEIRA DE MEDICINA DO ESPORTE (SBME). SOCIEDADE BRASILEIRA DE GERIATRIA E GERONTOLOGIA (SBGG). Posicionamento oficial da Sociedade Brasileira de Medicina do Esporte e da Sociedade Brasileira de Geriatria e Gerontologia: Atividade Física e Saúde no Idoso. *Rev Bras Med Esporte*, v. 5, n. 6, p. 207-11, 1999.

SOCIEDADE BRASILEIRA DE MEDICINA DO ESPORTE (SBME). Diretriz da Sociedade Brasileira de Medicina do Esporte: morte súbita no exercício e no esporte. *Rev Bras Med Esporte*, v. 11, p. S1-S8, ago. 2005. (Suplemento 1).

SOUZA, A. C. et al. Influence of inter-set stretching on strength, flexibility and hormonal adaptations. *J Hum Kinet*, v. 36, p. 127-35, mar. 2013.

SOUZA JR., T. P.; PEREIRA, B. Conceitos fisiológicos do treinamento físicoesportivo: estresse, homeostase e alostase. *Rev Bras Cineantrop Des Hum*, v. 10, n. 2, p. 206-13, 2008.

STENGEL, S. V. et al. Power training is more effective than strength training for maintaining bone mineral density in post-menopausal women. *J Appl Physiol*, v. 99, n. 1, p. 181-8, 2005.

STENGEL, S. V. et al. Differential effects of strength versus power training on bone mineral density in postmenopausal women: a 2-year longitudinal study. *Br J Sports Med*, v. 41, n. 10, p. 649-55, discussion 655, 2007.

SWIFT, D. L. et al. The role of exercise and physical activity in weight loss and maintenance. *Prog Cardiovasc Dis*, v. 56, n. 4, p. 441-7, jan./fev. 2014.

TEIXEIRA, C. V. L. S. Overtraining síndrome. *Fitness Clip Body Systems*, v. 3, n. 44, 2007.

TEIXEIRA, C. V. L. S. Musculação e varizes de membros inferiores: relato de experiências. *EFDeportes.com, Revista Digital*, Buenos Aires, ano 18, n. 180, maio 2013.

TEIXEIRA, C. V. L. S. Suplementos alimentares: o que são e para que servem. *Fitness Clip Body Systems*, v. 4, n. 46, 2008.

_____. Treinamento funcional. *Fitness Clip Body Systems*, v. 4, n. 57, 2009.

TEIXEIRA, C. V. L. S.; GUEDES JR., D. P. *Musculação*: desenvolvimento corporal global. São Paulo: Phorte, 2009.

_____. *Musculação funcional*: ampliando os limites da prescrição tradicional. 2. ed. São Paulo: Phorte, 2016a.

_____. *Musculação time-efficient*: otimizando o tempo e maximizando os resultados. 2. ed. São Paulo: Phorte, 2016b.

_____. *Treinamento resistido manual*: a musculação sem equipamentos. São Paulo: Phorte, 2011.

TEIXEIRA, C. V. L. S.; EVANGELISTA, A. L. *Treinamento funcional sem equipamentos*: calistenia, autorresistência e resistência manual. Rio de Janeiro: Livre Expressão, 2016.

TEIXEIRA, C. V. L. S. et al. Short roundtable RBCM: treinamento funcional. *Rev Bras Ciênc Mov*, v. 24, n. 1, p. 200-6, 2016.

TEIXEIRA, C. V. L. S.; MOTOYAMA, Y.; GENTIL, P. Musculação: crenças vs. evidências. *RBPFEX*, v. 9, n. 55, p. 562-71, 2015.

TEIXEIRA, C. V. L. S. et al. Principais objetivos de praticantes de musculação da cidade de Santos-SP. *Rev Bras Ciênc Mov*, v. 17, n. 4, p. 260, 2009. Suplemento Especial.

TERRA, D. F. et al. Reduction of arterial pressure and double product at rest after resistance exercise training in elderly hypertensive women. *Arq Bras Cardiol*, v. 91, n. 5, p. 299-305, 2008.

THACKER, S. B. et al. The impact of stretching on sports injury risk: a systematic review of the literature. *Med Sci Sports Exerc*, v. 36, n. 3, p. 371-8, 2004.

THOMPSON, W. R. Worldwide survey of fitness trends for 2016: 10th anniversary edition. *ACSMs Health Fit J*, v. 19, n. 6, p. 9-18, 2015.

TOKMAKIDIS, S. P. et al. Effects of detraining on muscle strength and mass after high or moderate intensity of resistance training in older adults. *Clin Physiol Funct Imaging*, v. 29, n. 4, p. 316-9, 2009.

TOSCANO, J. J. O.; EGYPTO, E. P. A influência do sedentarismo na prevalência de lombalgia. *Rev Bras Med Esporte*, v. 7, n. 4, p. 132-6, 2001.

TRAJANO, G. S.; NOSAKA, K.; BLAZEVICH, A. J. Neurophysiological mechanisms underpinning stretch-induced force loss. *Sports Med*, v. 47, n. 8, p. 1531-41, jan. 2017.

TRICOLI, V. Mecanismos envolvidos na etiologia da dor muscular tardia. *Rev Bras Ciênc Mov*, v. 9, n. 2, p. 39-44, 2001.

TRICOLI, V.; PAULO, A. C. Efeito agudo dos exercícios de alongamento sobre o desempenho de força máxima. *Rev Bras Ativ Fís Saúde*, v. 7, n. 1, p. 6-13, 2002.

VALE, R. G. S. et al. Efeitos do treinamento resistido na força máxima, na flexibilidade e na autonomia funcional de mulheres idosas. *Rev Bras Cineantrop Des Hum*, v. 8, n. 4, p. 52-8, 2006.

VINCENT, K. R.; VINCENT, H. K. Resistance training for individuals with cardiovascular disease. *J Cardiopulm Rehabil*, v. 26, n. 4, p. 207-19, 2006.

VAN MARKEN LICHTENBELT, W. D. et al. Bodybuilders' body composition: effect of nandrolone decanoate. *Med Sci Sports Exerc*, v. 36, n. 3, p. 484-9, 2004.

VERDERI, E. *Programa de educação postural*. 2. ed. São Paulo: Phorte, 2005.

WEINECK, J. *Biologia do esporte*. São Paulo: Manole, 2000.

_____. *Treinamento ideal*. 9. ed. Barueri: Manole, 2003.

WILK, K. E.; ARRIGO, C. A.; ANDREWS, J. R. Current concepts: the stabilizing structures of glenohumeral joint. *J Orthop Sports Phys Ther*, v. 25, n. 6, p. 364-79, 1997.

WILKE, H. J. et al. New in vivo measurements of pressures in the intervertebral disc in daily life. *Spine*, v. 24, n. 8, p. 755, 1999.

WILLIAMS, M. H.; BRANCH, J. D. Creatine supplementation and exercise performance: an update. *J Am Coll Nutr*, v. 17, n. 3, p. 216-34, 1998.

WILLSON, J. D. et al. Core stability and its relationship to lower extremity function and injury. *J Am Acad Orthop Surg*, v. 13, n. 5, p. 316-25, 2005.

WILSON, J. M. et al. Concurrent training: a meta-analysis examining interference of aerobic and resistance exercises. *J Strength Cond Re.*, v. 26, n. 8, p. 2293-307, ago. 2012.

WORLD HEALTH ORGANIZATION (WHO). *Global recommendations on physical activity for health*. Genebra: WHO, 2010. Disponível em: <http://whqlibdoc.who.int/publicationS/2010/9789241599979_eng.pdf>. Acesso em: 27 out. 2017.

YU, C. C. et al. Effects of strength training on body composition and bone mineral content in children who are obese. *J Strength Cond Res*, v. 19, n. 3, p. 667-72, 2005.

ZATSIORSKY, V. M.; KRAEMER, W. J. *Ciência e prática do treinamento de força*. 2. ed. São Paulo: Phorte, 2008.

SOBRE O LIVRO
Formato: 14 x 21 cm
Mancha: 9,2 x 16,8 cm
Papel: Offset 90 g
n⁰ páginas: 320
3ª edição: 2018

EQUIPE DE REALIZAÇÃO
Assistência editorial
Liris Tribuzzi

Assessoria editorial
Maria Apparecida F. M. Bussolotti

Edição de Texto
Gerson Silva (Supervisão de revisão)
Renata Sangeon (Preparação do original e copidesque)
Evandro Lisboa Freire, Roberta Heringer de Souza Villar, Sophia Izaias,
Jonas Pinheiro e Luiz Maffei (Revisão)

Editoração Eletrônica
Renata Tavares (Capa, projeto gráfico, diagramação e tratamento de imagens)
Ricardo Howards (Ilustrações)

Fotos
Fernando Paes (Fotógrafo)
Kety Magalhães Konda e Rodrigo Luiz da Silva Gianoni (Modelos)

Impressão
Edelbra Indústria Gráfica